Das Geheimnis der Positiven Psychologie

Negatives loslassen, Emotionen steuern und mit
wissenschaftlich fundierten Strategien innere Ruhe und mehr
Lebensfreude finden.

Anneliese Falk

ISBN: 979-8-89965-516-6
Impressum: Staten House

Staten House

Index

Einleitung

Stell dir vor, du bist in einem dunklen Raum gefangen, umgeben von
Spiegeln, die ständig deine beunruhigend Sten Gedanken reflektieren. Jede
Reflexion verstärkt deine Ängste, jeder Gedanke scheint unaufhaltsam,
und je mehr du versuchst zu entkommen, desto enger wird der Raum.
Das ist es, was in den Köpfen derer passiert, die als Gefangene des
Überdenkens leben, des übermäßigen und unkontrollierten Denkens, das
Angst, Unsicherheit und Stress erzeugt.

Vielleicht kennst du auch dieses Gefühl: den Verstand, der nie abschaltet,
das ständige Grübeln über das, was war oder was passieren könnte, die
ständige Angst, Fehler zu machen, zu versagen, nicht genug zu sein. Diese
Gedanken verbrauchen nicht nur Ihre geistige Energie, sondern
untergraben auch Ihr Selbstwertgefühl, beeinträchtigen Ihr körperliches
Wohlbefinden und hindern Sie daran, ein erfülltes und erfülltes Leben zu
führen.

Aber hier ist die gute Nachricht: Du bist nicht dazu verdammt, ein
Gefangener deines Geistes zu bleiben. Es gibt einen Weg, aus diesem
unsichtbaren Käfig herauszukommen und die Kontrolle über deine
Gedanken, Emotionen und dein Leben wiederzuerlangen. Und hier
kommt die Positive Psychologie ins Spiel.

Warum dieses Buch Ihr Leben verändern kann

In den letzten Jahrzehnten hat die Psychologie enorme Fortschritte bei
der Erforschung des psychischen Wohlbefindens und Strategien zu dessen
Verbesserung gemacht. Die Positive Psychologie basiert auf einer
grundlegenden Wahrheit: Es reicht nicht aus, negative Gedanken zu
beseitigen, um sich gut zu fühlen, man muss aktiv positive Gedanken
kultivieren.

Es geht nicht nur um Optimismus oder den Gedanken, dass "alles gut
wird", sondern um einen wissenschaftlichen Ansatz, der Ihnen hilft:
Verstehen, wie Ihr Gehirn funktioniert und warum Sie dazu neigen, zu
grübeln
Den Teufelskreis von Angst und Stress durchbrechen
Trainieren Sie Ihren Geist neu, um sich auf das zu konzentrieren, was Sie
stärker und glücklicher macht
Wenden Sie praktische Techniken an, um sich vom Überdenken zu
befreien

Entwickeln Sie eine belastbare Denkweise, die es Ihnen ermöglicht, Schwierigkeiten mit Ausgeglichenheit und Zuversicht zu begegnen In diesem Buch finden Sie nicht nur detaillierte Erklärungen, wie Ihr Geist funktioniert, sondern auch praktische Übungen und wissenschaftlich erprobte Strategien, um Ihre Denkweise zu verändern und Ihre Lebensqualität zu verbessern.

An wen richtet sich dieses Buch?

Wenn du dich jemals von deinen Gedanken überwältigt gefühlt hast, wenn Angst und Unsicherheit dich daran hindern, die Gegenwart zu genießen, wenn du aufhören willst, ein Opfer deines Geistes zu sein, und anfangen willst, ihn als mächtigen Verbündeten zu leben, dann ist dieses Buch genau das Richtige für dich.

Dieses Buch soll folgende Ziele erfüllen:

Diejenigen, die mit Angst und Stress zu kämpfen haben und nach praktischen Methoden suchen, um wieder Gelassenheit zu erlangen Diejenigen, die sich im Überdenken festgefahren fühlen und diese Last endlich loswerden wollen Diejenigen, die ihr Selbstwertgefühl verbessern und eine positivere Denkweise entwickeln möchten Diejenigen, die konkrete Werkzeuge suchen, um die Herausforderungen des Lebens mit Zuversicht und Entschlossenheit zu meistern Diejenigen, die neugierig sind, herauszufinden, wie die positive Psychologie ihre Lebensweise verändern kann So verwenden Sie dieses Buch, um maximale Ergebnisse zu erzielen Um das Beste aus diesem Weg herauszuholen, empfehle ich Ihnen, jedes Kapitel unvoreingenommen zu lesen und die vorgeschlagenen Übungen sofort in die Praxis umzusetzen. Wahre Transformation geschieht nicht durch Lesen, sondern durch die Anwendung des Gelernten. Jedes Kapitel ist so aufgebaut, dass es Sie Schritt für Schritt durch den Veränderungsprozess führt. Sie müssen nicht alles an einem Tag lesen - nehmen Sie sich die Zeit, über jedes Konzept nachzudenken und die Techniken in Ihrem täglichen Leben auszuprobieren.

Ein Neuanfang erwartet Sie

Veränderung ist möglich, egal wie lange du schon in deinen Gedanken gefangen bist. Dieses Buch ist keine Zauberformel, sondern ein praktischer Weg, der Ihnen hilft, einen freieren, gelasseneren und bewussteren Geist aufzubauen.

Wenn Sie bereit sind, sich vom übermäßigen Nachdenken zu befreien und die Freude am leichten und selbstbewussten Leben wiederzuentdecken, dann sind Sie bei uns genau richtig.

Beginnen wir nun die Reise zu einer neuen Version von dir selbst, stärker, glücklicher und bewusster.

Kapitel: 1 – Der unsichtbare Feind: Überdenken verstehen

Jeden Tag verarbeitet unser Verstand Tausende von Gedanken. Einige sind nützlich und funktional, andere vergänglich und unbedeutend. Aber dann gibt es solche, die sich wiederholen, die sich unaufhörlich in unser Bewusstsein einschleichen, wie ein Radio auf einer gestörten Frequenz. Es sind jene Gedanken, die uns dazu bringen, jedes Detail eines vergangenen Gesprächs zu untersuchen, katastrophale Zukunftsszenarien vorherzusagen oder ständig an unseren Entscheidungen zu zweifeln. Dieses Phänomen ist als übermäßiges Denken oder übermäßiges und obsessives Denken bekannt und ist eine der Hauptursachen für Angstzustände und chronischen Stress.

Aber was genau ist Überdenken? Es ist ein mentaler Prozess, in dem die Person zu einem Gefangenen ihres eigenen Gedankenflusses wird, unfähig, Situationen loszulassen, die sie nicht kontrollieren oder ändern kann. Im Gegensatz zu produktiver Reflexion, die hilft, fundierte Entscheidungen zu treffen, ist Überdenken ein endloser Kreislauf von Zweifeln, Ängsten und Annahmen, die lähmen und geistige Energie verbrauchen.

Zu viel nachdenkende Betroffene neigen dazu, Gespräche immer wieder zu überprüfen, um jedes Wort zu analysieren, nach versteckten Bedeutungen zu suchen, sich alternative Szenarien vorzustellen und über ihre Handlungen nachzudenken und sich zu fragen, ob sie etwas anderes hätten tun können. Oft führt dieser Prozess nicht zu Lösungen, aber er schürt noch mehr Unsicherheit und Unbehagen.

Warum übermäßiges Nachdenken so schädlich ist

Zu viel nachzudenken ist nicht nur eine lästige Angewohnheit, sondern eine echte mentale Falle, die schwerwiegende Folgen für die geistige und körperliche Gesundheit hat. Eine der zerstörerisch Sten Auswirkungen ist der Verbrauch von geistiger Energie: Das Gehirn, das ständig damit beschäftigt ist, dieselben Gedanken zu verarbeiten, erschöpft sich schnell und hinterlässt ein Gefühl chronischer Müdigkeit und einer verminderten Konzentrationsfähigkeit.

Emotional verstärkt übermäßiges Nachdenken Ängste und Unsicherheiten. Je mehr Sie Probleme analysieren, ohne zu einer Lösung zu kommen, desto machtloser fühlen Sie sich. Dadurch entsteht ein Teufelskreis, in dem sich der Verstand selbst davon überzeugt, dass es immer etwas gibt, worüber man sich Sorgen machen muss, was die Person daran hindert, sich zu entspannen oder den gegenwärtigen Moment zu genießen.

Auch der Körper ist betroffen. Übermäßiges Nachdenken aktiviert die Stressreaktion und erhöht den Cortisolspiegel, das Stresshormon, im Blut. Langfristig kann dies zu Schlaflosigkeit, Muskelverspannungen, Kopfschmerzen, Verdauungsproblemen und sogar zu einem schwächeren Immunsystem führen.

Die zwei Formen des Überdenkens

Übermäßiges Nachdenken manifestiert sich in zwei Hauptformen: Grübeln und übermäßige Sorgen.

Das Grübeln konzentriert sich auf die Vergangenheit. Menschen, die grübeln, neigen dazu, Ereignisse, die bereits passiert sind, ständig Revue passieren zu lassen, sie im Detail zu analysieren und sich zu fragen, ob sie sich anders hätten verhalten können. Diese Einstellung führt oft zu Schuld-, Scham- oder Wutgefühlen gegenüber sich selbst.

Die übertriebene Sorge betrifft jedoch die Zukunft. Diejenigen, die unter dieser Art von Überdenken leiden, werden besessen davon, was schief gehen könnte, antizipieren negative Szenarien und erzeugen Angst vor Situationen, die vielleicht nie eintreten werden.

Beide mentalen Muster hindern uns daran, in der Gegenwart zu leben, und untergraben die Fähigkeit, Entscheidungen auf gelassene und bewusste Weise zu treffen.

Warum verhält sich unser Gehirn so?

Übermäßiges Nachdenken ist kein Defekt, sondern das Ergebnis eines Schutzmechanismus unseres Gehirns. In der Antike mussten unsere Vorfahren ständig wachsam sein, um die Gefahren der Natur zu überleben. Das Gehirn hat sich so entwickelt, dass es Situationen kontinuierlich analysiert und Risiken vorhersagt, eine nützliche Fähigkeit, wenn es darum geht, Raubtiere oder feindliche Umgebungen zu vermeiden. In der modernen Gesellschaft, in der physische Gefahren reduziert werden, gilt derselbe Mechanismus jedoch auch für abstrakte Probleme wie Beziehungen, Arbeit oder Lebensstilentscheidungen, die eher zu einem Hindernis als zu einem Vorteil werden.

Darüber hinaus hat das Gehirn eine natürliche Neigung zum Negativiert Bias, d.h. die Tendenz, sich mehr auf die negativen Aspekte als auf die positiven zu konzentrieren. Das bedeutet, dass wir uns eher an Fehler,

Ängste und unangenehme Erlebnisse erinnern als an Erfolge und glückliche Momente.

Anzeichen dafür, dass Sie unter übermäßigem Nachdenken leiden
Es ist nicht immer leicht zu erkennen, wann zu viel Nachdenken zu einem ernsthaften Problem geworden ist. Einige häufige Anzeichen sind:

- Überanalyse jeder Entscheidung, selbst der einfachsten
- Besprechen Sie kontinuierlich Gespräche und vergangene Situationen in Ihrem Kopf
- Befürchten Sie immer das Schlimmste und stellen Sie sich Katastrophenszenarien vor
- Sich durch Unentschlossenheit gelähmt fühlen
- Schlafstörungen, weil sich der Verstand nicht abschaltet
- Ein ständiges Gefühl von Angst und Anspannung ohne spezifischen Grund verspüren

Wenn du dich in einigen dieser Anzeichen wiedererkennst, ist es wahrscheinlich, dass übermäßiges Nachdenken dein Leben mehr beeinflusst, als du denkst.

Die Illusion der Kontrolle
Einer der Gründe, warum übermäßiges Nachdenken so schwer zu überwinden ist, ist, dass es uns die Illusion gibt, dass wir die Kontrolle haben. Das wiederholte Analysieren einer Situation lässt den Verstand glauben, dass es Fehler verhindern oder negative Konsequenzen vermeiden kann. In Wirklichkeit gibt es keine absolute Kontrolle, und die ständige Suche nach ihr bringt nur Frustration und Angst mit sich.
Zu akzeptieren, dass einige Dinge außerhalb unserer Kontrolle liegen, ist der erste Schritt, um uns von übermäßigem Nachdenken zu befreien. Das Leben besteht aus Unsicherheiten, aber anstatt sie als Bedrohungen zu sehen, können wir lernen, sie als Chancen für Wachstum und Entdeckungen zu sehen.

Auf dem Weg zur geistigen Freiheit
Der erste Schritt zur Überwindung des Überdenkens besteht darin, zu erkennen, dass es keine harmlose Gewohnheit ist, sondern ein Hindernis für unser Wohlbefinden. Nur wenn wir uns dieses Mechanismus bewusstwerden, können wir beginnen, den Kreislauf zu durchbrechen und die Kontrolle über unseren Geist wiederzuerlangen.

Sich vom übermäßigen Nachdenken zu befreien bedeutet, leichter zu leben, Entscheidungen mit mehr Selbstvertrauen zu treffen und jeden Moment zu genießen, ohne ein Sklave seines Verstandes zu sein.

1.1 – Die Wissenschaft hinter dem Überdenken: Was passiert im Gehirn

Übermäßiges Nachdenken ist nicht nur eine mentale Gewohnheit, sondern ein echter neurologischer Prozess, an dem verschiedene Bereiche des Gehirns beteiligt sind. Wenn eine Person in die Falle des Überdenkens gerät, denkt sie nicht nur über etwas in der Tiefe nach, sondern aktiviert Gehirnschaltkreise, der Stress, Angst und sogar körperliche Symptome hervorrufen können.
Um zu verstehen, wie und warum dies geschieht, ist es wichtig zu analysieren, wie das Gehirn funktioniert und wie es Informationen verarbeitet, Entscheidungen trifft und mit Emotionen umgeht.

Die Bereiche des Gehirns, die am Überdenken beteiligt sind
Das menschliche Gehirn ist eine unglaublich komplexe Maschine, und jeder seiner Teile spielt eine spezifische Rolle bei der Regulierung von Gedanken und Emotionen. Überdenken betrifft hauptsächlich drei Gehirnbereiche:

1. **Der präfrontale Kortex:** Dies ist der Teil des Gehirns, der für Logik, Planung und Problemlösung verantwortlich ist. In einem ausgeglichenen Geist analysiert der präfrontale Kortex Informationen und trifft rationale Entscheidungen. Bei Menschen, die dazu neigen, zu viel nachzudenken, wird dieser Bereich jedoch hyperaktiv und sucht ständig nach Lösungen für Probleme, die nicht existieren oder unmöglich zu lösen sind.

2. **Die Amygdala:** Sie ist das Zentrum der Emotionen, insbesondere der Angst und der Reaktion auf negative Reize. Wenn eine Person unter übermäßigem Nachdenken leidet, wird die Amygdala überempfindlich und sendet auch in ungefährlichen Situationen ständig Alarmsignale. Dies führt dazu, dass der Verstand selbst kleine Probleme als Bedrohung interpretiert und Angst und Stress schürt.

3. **Der Hippocampus:** Dies ist der Bereich des Gehirns, der das Gedächtnis und vergangene Erfahrungen verwaltet. Bei

Menschen, die zu viel nachdenken, neigt der Hippocampus dazu, ständig negative Erinnerungen oder traumatische Erfahrungen abzurufen, was dazu führt, dass die Person vergangene Ereignisse erneut durchlebt und mentale Assoziationen erzeugt, die den Kreislauf des Überdenkens verstärken.

Wenn diese drei Bereiche synergetisch in unausgewogener Weise zusammenarbeiten, entsteht ein kontinuierlicher Gedankenkreislauf, den der Geist nur schwer unterbrechen kann. Dies erklärt, warum sich überdenkende Betroffene in einem nicht enden wollenden Strom von Gedanken gefangen fühlen.

Die Rolle von Neurotransmittern beim Überdenken

Neben den beteiligten Hirnarealen spielen auch Neurotransmitter eine grundlegende Rolle bei der Bestimmung unseres mentalen Zustands und unserer Neigung zum Überdenken. Die wichtigsten Neurotransmitter, die an diesem Phänomen beteiligt sind, sind:

1. **Cortisol: Cortisol**, bekannt als Stresshormon, wird in großen Mengen freigesetzt, wenn das Gehirn eine Bedrohung wahrnimmt. Bei Menschen, die unter übermäßigem Nachdenken leiden, wird das Cortisol ständig erhöht und hält den Körper in einem Zustand anhaltender Anspannung. Dies kann zu körperlichen Symptomen wie Schlaflosigkeit, Müdigkeit, Muskelverspannungen und Konzentrationsschwierigkeiten führen.

2. **Dopamin**: Dieser Neurotransmitter wird mit Motivation und Freude in Verbindung gebracht. Wenn der Dopaminspiegel niedrig ist, kann sich die Person unzufrieden und apathisch fühlen und eher dazu neigen, über Probleme nachzudenken, anstatt Maßnahmen zu ergreifen, um sie zu lösen.

3. **Serotonin: Serotonin** ist der Neurotransmitter für Wohlbefinden und emotionale Stabilität. Niedrige Serotoninspiegel wurden mit Angststörungen und Depressionen in Verbindung gebracht, zwei Erkrankungen, die oft mit übermäßigem Nachdenken verbunden sind.

4. **GABA (Gamma-Aminobuttersäure)**: Es ist der hemmende Neurotransmitter, der hilft, das Nervensystem zu beruhigen. Wenn der GABA-Spiegel niedrig ist, hat das Gehirn Schwierigkeiten, Gedanken "auszuschalten", was zu einem Gefühl ständiger geistiger Hyperaktivität führt.

Ein Ungleichgewicht dieser Neurotransmitter kann dann den Zyklus des Überdenkens anheizen, was es schwierig macht, sich wiederholende und negative Gedanken zu stoppen.

Überdenken und das Nervensystem

Übermäßiges Nachdenken aktiviert das sympathische Nervensystem, das für die "Kampf-oder-Flucht"-Reaktion verantwortlich ist. Dieses System hat sich weiterentwickelt, um uns zu helfen, schnell auf reale Gefahren zu reagieren, aber bei Menschen, die zu viel nachdenken, ist es ständig in Alarmbereitschaft, auch wenn es keine echten Bedrohungen gibt.

Wenn das sympathische Nervensystem überaktiv ist, erfährt der Körper eine Reihe von physiologischen Veränderungen:
1. Erhöhte Herzfrequenz
2. Beschleunigte und flache Atmung
3. Muskelspannung
4. Unruhe und Unruhe empfinden
5. Verminderte Verdauung und Magen-Darm-Störungen

Dies erklärt, warum überdenkende Betroffene körperliche Symptome wie Gastritis, chronische Schlaflosigkeit und sogar anhaltende Muskelschmerzen entwickeln können.

Im Gegenteil, der Parasympathikus ist dasjenige, das hilft, sich zu entspannen und Energie zurückzugewinnen. Um aus dem Kreislauf des Überdenkens herauszukommen, ist es notwendig, diese beiden Systeme wieder ins Gleichgewicht zu bringen und den Parasympathikus durch Entspannungstechniken, tiefes Atmen und körperliche Aktivität zu stimulieren.

Warum neigen manche Menschen eher dazu, zu viel nachzudenken?

Nicht jeder leidet in gleichem Maße unter dem Überdenken. Manche Menschen scheinen anfälliger dafür zu sein, in dieses mentale Muster zu verfallen als andere. Dafür kann es mehrere Gründe geben:

1. **Genetische Faktoren:** Einige Studien deuten darauf hin, dass die Veranlagung zu Angst und übermäßigem Denken erblich, sein kann. Gibt es Menschen mit Angststörungen in der Familie, neigen sie eher dazu, zu viel nachzudenken.

2. **Kindheitserfahrungen**: Das Aufwachsen in einer sehr kritischen oder unsicheren Umgebung kann das Gehirn lehren, jederzeit in Alarmbereitschaft zu sein. Kinder, die stressige oder unvorhersehbare Situationen erlebt haben, können die Gewohnheit entwickeln, jede Situation im Detail zu analysieren, um zu versuchen, das Schlimmste vorherzusagen.

3. **Perfektionismus**: Perfektionistische Menschen neigen dazu, zu viel nachzudenken, weil sie Fehler um jeden Preis vermeiden wollen. Dies führt dazu, dass sie jede Entscheidung mit übermäßiger Aufmerksamkeit prüfen, weil sie die Konsequenzen jedes möglichen Fehlers fürchten.

4. **Kultur und Gesellschaft**: Wir leben in einer Zeit, in der wir mit Informationen, Erwartungen und ständigen Vergleichen bombardiert werden. Die sozialen Medien verstärken das Phänomen des Überdenkens und drängen die Menschen dazu, sich ständig mit anderen zu vergleichen und an sich selbst zu zweifeln.

Wie das Gehirn umprogrammiert werden kann

Glücklicherweise ist das Gehirn plastisch, was bedeutet, dass es umprogrammiert werden kann. Durch Neuroplastizitätstechniken ist es möglich, die Hyperaktivität des präfrontalen Kortex zu reduzieren, die Amygdala zu beruhigen und die Neurotransmitter wieder ins Gleichgewicht zu bringen. Strategien wie Meditation, Achtsamkeit, Bewegung und kontrolliertes Atmen haben sich als wirksam erwiesen, um übermäßiges Nachdenken zu reduzieren.

Zu verstehen, wie das Gehirn funktioniert und welche internen Prozesse es hat, ist der erste Schritt, um das Überdenken loszuwerden. Nur wenn wir die Mechanismen hinter diesem Trend kennen, können wir beginnen, ihm effektiv entgegenzuwirken und unsere Lebensqualität zu verbessern.

1.2 – Warum der Verstand im Teufelskreis des Überdenkens stecken bleibt

Übermäßiges Nachdenken ist nicht nur eine mentale Gewohnheit, sondern ein echter psychologischer Mechanismus, der als Reaktion auf Situationen der Unsicherheit, des Stresses und der Angst aktiviert wird. Es ist ein Verhalten, mit dem das Gehirn versucht, die Außenwelt zu kontrollieren, das aber am Ende kontraproduktiv wird. Das Verständnis der tiefen Gründe, die dazu führen, dass eine Person in diesem Zyklus gefangen ist, ist unerlässlich, um ihn durchbrechen und einen ausgeglicheneren und konstruktiveren Gedanken wiederfinden zu können.

Das Bedürfnis nach Kontrolle und die Angst vor dem Unbekannten

Einer der Hauptgründe, warum eine Person in zu viel Nachdenken verfällt, ist das Bedürfnis nach Kontrolle. Der menschliche Verstand ist darauf ausgelegt, die Zukunft vorherzusagen und Risiken zu minimieren – eine evolutionäre Fähigkeit, die das Überleben unserer Vorfahren sicherte. In der modernen Gesellschaft, in der die realen Gefahren im Vergleich zu früher geringer sind, hat sich diese Veranlagung jedoch in eine übermäßige Tendenz verwandelt, jedes mögliche Szenario vorhersagen und bewältigen zu wollen.

Wenn wir mit einer unsicheren Situation konfrontiert sind, reagiert unser Gehirn, indem es versucht, jedes Detail zu analysieren, jede Option zu bewerten und jedes mögliche Ergebnis zu antizipieren. Dieser Mechanismus kann, wenn er in Maßen eingesetzt wird, nützlich sein, um fundierte Entscheidungen zu treffen. Wenn es jedoch zu einer unkontrollierten Gewohnheit wird, führt es zu Entscheidungslähmung und Angstzuständen.

Menschen, die unter übermäßigem Nachdenken leiden, haben oft Schwierigkeiten zu akzeptieren, dass die Zukunft unvorhersehbar ist. Sie wollen sicherstellen, dass sie die richtige Wahl treffen, keine Fehler machen, um Misserfolge zu vermeiden. Dieses Bedürfnis nach absoluter Gewissheit führt dazu, dass sie in einer Spirale von Zweifeln und Zweifeln stecken bleiben und nicht in der Lage sind, Entscheidungen mit Gelassenheit zu treffen.

Die Tendenz zum katastrophalen Denken

Das menschliche Gehirn hat eine natürliche negative Verzerrung (Negativitätsverzerrung), die dazu führt, dass es sich mehr auf die negativen Aspekte einer Situation konzentriert als auf die positiven. Das ist der Grund, warum negative Gedanken immer stärker und hartnäckiger erscheinen als positive.

Diejenigen, die unter übermäßigem Nachdenken leiden, neigen dazu, die möglichen negativen Folgen einer Situation zu übertreiben und sich katastrophale Szenarien vorzustellen, selbst wenn die Wahrscheinlichkeit, dass sie eintreten, gering ist. Diese Art des Denkens ist als katastrophales Denken bekannt.

Zum Beispiel könnte eine Person nachts wach liegen und über ein Gespräch nachdenken, das sie mit einem Kollegen geführt hat, und glauben, dass ein Satz, den sie falsch gesagt hat, ihren Ruf ruinieren wird. Oder sie vermeiden es, eine wichtige Entscheidung zu treffen, aus Angst, dass dies zu irreparablen negativen Folgen führen könnte.

Diese Haltung erzeugt nicht nur Angst und Stress, sondern führt auch zu einem ständigen Gefühl der Unsicherheit und Hilflosigkeit, dass es schwierig macht, alltäglichen Situationen mit Klarheit und Ruhe zu begegnen.

Selbstkritik und extremer Perfektionismus

Ein weiterer Faktor, der das Überdenken anheizt, ist Perfektionismus. Perfektionisten neigen dazu, sehr kritisch mit sich selbst umzugehen und in jeder Situation das Beste zu verlangen. Dies führt dazu, dass sie ihre Handlungen ständig überprüfen, versuchen, Fehler zu vermeiden und über ihre Entscheidungen nachzudenken, um sicherzustellen, dass sie die richtige Wahl getroffen haben.

Übermäßiges Nachdenken wird so zu einem Weg, um zu versuchen, einen unrealistischen Standard der Perfektion zu erreichen. Doch anstatt der Leistung zu verbessern oder das Selbstvertrauen zu stärken, erzeugt diese Einstellung nur Angst und Unzufriedenheit.

Menschen mit starker innerer Selbstkritik neigen dazu, Sätze zu wiederholen wie:

1.   **"Was, wenn ich das Falsche gesagt habe?"**
2.   **"Was wäre, wenn ich eine andere Wahl getroffen hätte?"**
3.   **"Warum kann ich nicht aufhören, darüber nachzudenken?"**

Diese Fragen führen nicht zu einer Lösung, sondern verstärken den Kreislauf des obsessiven Denkens und erzeugen ein Gefühl ständiger Frustration und Unzufriedenheit.

Die Rolle vergangener Erfahrungen

Gelebte Erfahrungen spielen eine grundlegende Rolle bei der Entwicklung des Überdenkens. Menschen, die in einem sehr kritischen oder unvorhersehbaren Umfeld aufgewachsen sind, neigen dazu, eine größere Veranlagung zum Überdenken zu entwickeln.

Zum Beispiel können diejenigen, die sehr anspruchsvolle Eltern hatten, die Idee verinnerlicht haben, dass jeder Fehler inakzeptabel ist, was sie dazu veranlasst, jede Entscheidung obsessiv zu überprüfen, um ein Scheitern zu vermeiden. In ähnlicher Weise können diejenigen, die traumatische Erfahrungen oder toxische Beziehungen durchlebt haben, eine größere Sensibilität für Kritik und Situationen der Unsicherheit entwickeln, was die Tendenz zum Grübeln verstärkt.

Negative Erfahrungen können auch wiederkehrende Denkmuster oder gewohnheitsmäßige Interpretationen der Realität hervorrufen. Wenn eine Person einen großen Misserfolg erlebt, kann sie anfangen zu denken, dass jede Entscheidung, die sie trifft, zum gleichen Ergebnis führt, was Zweifel und Unsicherheit schürt.

Der Einfluss der Gesellschaft und der sozialen Medien

In der heutigen Gesellschaft werden wir ständig mit Informationen, Erwartungen und Vergleichen mit anderen bombardiert. Die sozialen Medien verstärken dieses Phänomen und zeigen nur die besten und am besten kuratierten Versionen des Lebens der Menschen. Dies kann zu Unsicherheiten und Zweifeln führen, die zu einer übermäßigen Analyse der eigenen Person und der eigenen Entscheidungen führen.

Viele Menschen vergleichen ihr Leben mit dem anderer und fragen sich, ob sie genug tun, ob sie die richtigen Entscheidungen getroffen haben, ob sie auf die "richtige" Weise leben. Diese ständige Konfrontation nährt das Überdenken und drängt den Verstand, nach Antworten und Bestätigungen zu suchen, die oft nicht existieren.

Darüber hinaus kann die Menge an Informationen, die heute verfügbar ist, es schwierig machen, Entscheidungen mit Zuversicht zu treffen. Jede Entscheidung scheint von unendlichen Optionen und Möglichkeiten begleitet zu sein, was zu einer Analyselähmung oder der Unfähigkeit führt, sich zu entscheiden, aus Angst, Fehler zu machen.

Wie man den Kreislauf des Überdenkens durchbricht

Um sich vom übermäßigen Nachdenken zu befreien, muss man die Art und Weise ändern, wie man mit Gedanken und Situationen der Unsicherheit umgeht. Es ist wichtig, ein größeres Bewusstsein für sich selbst und seine mentalen Gewohnheiten zu entwickeln und zu lernen, nützliche Gedanken von schädlichen zu unterscheiden.

Zu akzeptieren, dass Unsicherheit Teil des Lebens ist und dass nicht alles kontrolliert werden kann, ist ein wichtiger Schritt, um übermäßiges Denken zu reduzieren. Zu lernen, unnötige Sorgen loszulassen und sich auf konkrete Handlungen zu konzentrieren, kann helfen, den Kreislauf des Überdenkens zu durchbrechen und mit größerer Gelassenheit zu leben.

Wenn der Geist beginnt, in sich wiederholenden Mustern zu wandern, ist es hilfreich, sich zu fragen:

- Hilft mir dieser Gedanke oder blockiert er mich?
- Kann ich etwas tun, um die Situation zu ändern, oder liegt es außerhalb meiner Kontrolle?
- Wird dieses Thema in einer Woche, einem Monat oder einem Jahr noch relevant sein?

Die Entwicklung dieser neuen mentalen Gewohnheiten braucht Zeit und Übung, aber sie kann zu einer deutlichen Verbesserung der Stress- und Angstbewältigung führen. Sich der Mechanismen bewusst zu sein, die zum Überdenken führen, ist der erste Schritt, um zu lernen, wie man effektiver damit umgehen und seine geistige Freiheit wiedererlangen kann.

1.3 – Die Folgen des übermäßigen Nachdenkens für Geist, Körper und Beziehungen

Übermäßiges Nachdenken ist nicht nur eine quälende mentale Gewohnheit, sondern ein Zustand, der tiefgreifende und tiefgreifende Folgen für verschiedene Aspekte des Lebens haben kann. Wenn der Geist ständig mit sich wiederholenden und negativen Gedanken überlastet ist, geht die Auswirkung über psychischen Stress hinaus und wirkt sich auf das körperliche Wohlbefinden und die Beziehungen zu anderen aus.

Viele Menschen denken, dass übermäßiges Nachdenken nur ein Persönlichkeitsmerkmal oder eine harmlose geistige Gewohnheit ist, aber in Wirklichkeit kann es langfristige Auswirkungen haben, die die Lebensqualität beeinträchtigen. Werfen wir einen genaueren Blick auf die wichtigsten Folgen des übermäßigen Nachdenkens und warum es wichtig ist, zu lernen, wie man damit umgeht.

Übermäßiges Nachdenken und die Folgen für das Gehirn

Wenn eine Person in den Kreislauf des Überdenkens gerät, arbeitet das Gehirn überaktiv und verbraucht eine übermäßige Menge an geistiger

Energie. Dies hat direkte Auswirkungen auf die Konzentrationsfähigkeit, das Gedächtnis und die geistige Klarheit.

Kognitive Überlastung

Das Gehirn hat eine eingeschränkte Fähigkeit, Informationen in einem bestimmten Zeitraum zu verarbeiten. Wenn eine Person ständig über die gleichen Probleme nachdenkt, wird das kognitive System überlastet und die Fähigkeit, sich neuen Herausforderungen effektiv zu stellen, verringert. Dies führt zu einem Gefühl der geistigen Verwirrung, Schwierigkeiten, Entscheidungen zu treffen, und einem Rückgang der Produktivität.

Verminderte Kreativität und kritisches Denken

Übermäßiges Nachdenken schränkt die Fähigkeit ein, kreativ und flexibel zu denken. Ein Verstand, der mit Zweifeln und Ängsten überladen ist, hat Schwierigkeiten, innovative Lösungen zu finden, weil er sich zu sehr auf Probleme und mögliche negative Folgen konzentriert. Dies kann besonders schädlich für diejenigen sein, die in Bereichen arbeiten, die Kreativität und Problemlösung erfordern.

Erhöhte Anfälligkeit für Angstzustände und Depressionen

Wissenschaftliche Studien haben gezeigt, dass übermäßiges Nachdenken eng mit Angststörungen und Depressionen verbunden ist. Wenn der Geist in einem Kreislauf negativer Gedanken gefangen ist, steigt die Produktion von Cortisol (dem Stresshormon) und die Produktion von Serotonin und Dopamin, Neurotransmittern, die für das emotionale Wohlbefinden unerlässlich sind, wird reduziert.

Die körperlichen Folgen von übermäßigem Nachdenken

Übermäßiges Nachdenken wirkt sich nicht nur auf den Geist aus, sondern hat auch direkte Auswirkungen auf den Körper. Gehirn und Körper sind eng miteinander verbunden, und ein psychischer Zustand mit chronischem Stress kann zu einer Reihe von körperlichen Beschwerden führen.

Schlafprobleme und Schlaflosigkeit

Übermäßiges Nachdenken hindert den Geist daran, sich zu entspannen, was es schwierig macht, einzuschlafen oder einen tiefen, erholsamen Schlaf aufrechtzuerhalten. Menschen, die unter übermäßigem

Nachdenken leiden, wälzen sich oft im Bett hin und her und können nicht aufhören, vergangene Ereignisse zu analysieren oder sich Sorgen, um die Zukunft zu machen.

Muskelverspannungen und körperliche Schmerzen

Wenn der Geist unter Dauerstress steht, reagiert der Körper mit einer Erhöhung der Muskelspannung. Dies kann zu chronischen Schmerzen, Spannungskopfschmerzen und Steifheit in den Muskeln, insbesondere in den Schultern und im Nacken, führen.

Verdauungsstörungen

Der Darm ist durch die Darm-Hirn-Achse eng mit dem Gehirn verbunden. Angst und übermäßiges Nachdenken können die Verdauung stören und Probleme wie Sodbrennen, Blähungen, Reizdarmsyndrom und andere Magen-Darm-Erkrankungen verursachen.

Erhöhtes Cortisol und geschwächtes Immunsystem

Übermäßiges Nachdenken hält den Körper in einem ständigen Zustand der Wachsamkeit und erhöht den Cortisolspiegel im Blut. Dies kann auf lange Sicht das Immunsystem schwächen und den Körper anfälliger für Infektionen und Krankheiten machen.

Überdenken und zwischenmenschliche Beziehungen

Übermäßiges Nachdenken betrifft nicht nur diejenigen, die es erleben, sondern hat auch erhebliche Auswirkungen auf die persönlichen Beziehungen, sowohl in der Familie als auch im Beruf.

Übermäßige Sensibilität für die Meinungen anderer Menschen

Menschen, die zu viel nachdenken, neigen dazu, sehr selbstkritisch zu sein und den Meinungen anderer zu viel Gewicht beizumessen. Dies führt dazu, dass sie jede Geste, jedes Wort oder jede Äußerung als Zeichen der Verurteilung oder Missbilligung interpretieren, was zu Unsicherheit und sozialer Angst führt.

Schwierigkeiten, ruhig zu kommunizieren

Diejenigen, die unter übermäßigem Nachdenken leiden, können Schwierigkeiten haben, ihre Gedanken und Gefühle klar auszudrücken. Die Angst, etwas Falsches zu sagen oder missverstanden zu werden, kann dazu führen, dass wichtige Gespräche vermieden oder übervorsichtig kommuniziert wird, wodurch Distanz zu geliebten Menschen entsteht.

Komplizierte Beziehungen und emotionale Abhängigkeit

Übermäßiges Nachdenken kann zu emotionaler Abhängigkeit führen, bei der eine Person ständig Bestätigung von anderen sucht, um sich in ihren Entscheidungen sicher zu fühlen. Dies kann zu dysfunktionalen Dynamiken in Beziehungen führen, in denen das Bedürfnis nach Bestätigung für die andere Person erstickend wird.

Angst vor Konflikten und Vermeidung von Entscheidungen

Zu viel Nachdenken kann es schwierig machen, mit Konfliktsituationen umzugehen, da der Verstand jedes mögliche negative Ergebnis analysiert und die Person dazu bringt, direkte Konfrontationen zu vermeiden. Dies kann die Beziehungsdynamik verschlimmern und zu Frustration und Missverständnissen führen.

Überdenken und Lebensqualität

Einen Geist zu haben, der immer mit Gedanken überladen ist, hindert dich daran, die Gegenwart zu genießen. Menschen, die unter übermäßigem Nachdenken leiden, neigen dazu, in der Vergangenheit zu leben, über Fehler und getroffene Entscheidungen nachzudenken oder sich in der Zukunft ständig Sorgen darüber zu machen, was passieren könnte. Dies hindert Sie daran, Momente der Freude zu schätzen und ein stabiles inneres Gleichgewicht aufzubauen.

Reduktion von Spontanität und Lebensfreude

Übermäßiges Nachdenken führt zu ständiger Überanalyse, was die Fähigkeit behindert, spontan zu handeln und den Moment zu genießen. Jede Entscheidung wird zu einer Quelle von Stress und nicht zu einer Chance für Wachstum.

Blockade in der persönlichen und beruflichen Weiterentwicklung

Wenn der Kopf zu sehr damit beschäftigt ist, über Probleme und Ängsten zu grübeln, wird es schwierig, Initiativen zu ergreifen und sich neuen Herausforderungen zu stellen. Dies kann zu einer Stagnation des persönlichen und beruflichen Wachstums führen, mit dem Risiko, wichtige Chancen zu verpassen.

Verlust des Selbstvertrauens

Übermäßiges Nachdenken untergräbt das Selbstwertgefühl, weil es zu ständigen Zweifeln an den eigenen Fähigkeiten und Entscheidungen führt. Im Laufe der Zeit kann sich dies in ein Gefühl chronischer Unsicherheit und Angst vor dem Versagen verwandeln, das Sie daran hindert, neue Möglichkeiten im Leben zu erkunden.

Übermäßiges Nachdenken verstehen, um die Kontrolle zurückzugewinnen

Übermäßiges Nachdenken hat tiefgreifende Auswirkungen auf Geist, Körper und Beziehungen, aber die gute Nachricht ist, dass es mit gezielten Strategien bewältigt und reduziert werden kann. Sich dieser Konsequenzen bewusst zu werden, ist der erste Schritt, um den Kreislauf des Überdenkens zu durchbrechen und ein ausgeglicheneres und friedlicheres Leben aufzubauen.

Sich mit dem Überdenken auseinanderzusetzen, bedeutet nicht, mit dem Denken aufzuhören, sondern zu lernen, Gedanken auf eine funktionalere Weise zu verwalten und sie daran zu hindern, die Kontrolle über das eigene Leben zu übernehmen.

Kapitel: 2 – Die Wurzeln des Überdenkens: Warum der Verstand gefangen ist

Übermäßiges Nachdenken kommt nicht aus dem Nichts. Menschen, die darunter leiden, entscheiden sich nicht bewusst dafür, in einer Endlosschleife von Gedanken stecken zu bleiben, sondern finden sich in einem mentalen Mechanismus gefangen, der seine Wurzeln in mehreren Ursachen hat. Zu verstehen, warum der Verstand an diesen Denkmustern festhält, ist unerlässlich, um sie zu durchbrechen. Die Neigung zum Grübeln ist nicht nur eine mentale Gewohnheit, sondern das Ergebnis einer komplexen Verflechtung von psychologischen, emotionalen und umweltbedingten Faktoren, die die Art und Weise prägen, wie ein Mensch mit der Realität umgeht.

Einer der Hauptfaktoren, die das Überdenken befeuern, ist die Angst vor dem Unbekannten. Das menschliche Gehirn ist darauf programmiert, nach Gewissheit und Vorhersagbarkeit zu streben, denn im Laufe der Evolution war die Fähigkeit, Gefahren zu antizipieren, ein Vorteil für das Überleben. In der modernen Welt führt diese Neigung jedoch zu einem übermäßigen Bedürfnis, jeden Aspekt des Lebens zu kontrollieren. Der Verstand analysiert ständig die Vergangenheit und die Zukunft, um Fehler zu vermeiden und Unsicherheiten zu verringern, aber dabei erzeugt er ein Gefühl ständiger Angst. Die Unfähigkeit, alles vorherzusagen, führt zu einem Gefühl der Unsicherheit, was wiederum den Teufelskreis des Überdenkens weiter anheizt

Vergangene Erfahrungen spielen eine entscheidende Rolle bei der Entwicklung des Überdenkens. Diejenigen, die in der Kindheit Situationen von hohem Stress, Traumata oder Unsicherheiten erlebt haben, können eine größere Neigung zum Grübeln entwickeln. Ein sehr kritisches oder unvorhersehbares familiäres Umfeld kann dem Gehirn beibringen, ständig in Alarmbereitschaft zu sein. Wenn ein Mensch in einem Umfeld aufwächst, in dem jeder Fehler hart bestraft wird oder in dem die Anerkennung anderer von perfekter Leistung abhängig ist, lernt er, hyperwachsam zu sein. Diese Hyperwachsamkeit führt zu der Gewohnheit, jedes Detail, jedes gesprochene Wort, jede getroffene Entscheidung zu analysieren, in der ständigen Angst, Fehler zu machen oder nicht genug zu sein.

Perfektionismus ist ein weiteres Schlüsselelement beim Überdenken. Wer hohe Ansprüche stellt, neigt dazu, jede Situation kritisch zu betrachten und zu versuchen, jede Art von Fehler zu vermeiden. Das Problem ist, dass Perfektion eine Illusion ist und das ständige Streben nach ihr nur zu Frustration und Angst führt. Perfektionisten haben oft Schwierigkeiten, Entscheidungen zu treffen, weil sie sicherstellen wollen, dass sie immer die beste Option wählen. Dies führt zu einem kontinuierlichen Analyse- und Überarbeitungsprozess, der sie daran hindert, reibungslos und natürlich zu handeln. Jede Entscheidung wird zu einem Minenfeld, in dem jeder Schritt mit äußerster Sorgfalt kalkuliert werden muss. Diese Einstellung verlangsamt nicht nur den persönlichen Fortschritt, sondern verstärkt auch das Gefühl der Unsicherheit und Unzufriedenheit.

Die moderne Gesellschaft trägt dazu bei, das Überdenken zu stärken. Wir leben in einer Zeit, in der wir ständig einem endlosen Strom von Informationen und Vergleichen ausgesetzt sind. Soziale Medien verstärken die Wahrnehmung, dass andere ein perfektes Leben führen, und erzeugen einen ständigen Druck, unrealistischen Standards gerecht zu werden. Jeder Beitrag, jedes Foto, jeder Erfolg der anderen wird zu einem Vergleichsparameter, der Verunsicherung nährt. Der Verstand beginnt sich zu fragen, ob du genug tust, ob du den richtigen Weg eingehst, ob du den Erwartungen gerecht wirst. Dieser ständige Vergleich führt zu einer Zunahme des Überdenkens, was die Menschen dazu veranlasst, ihre Entscheidungen ständig zu überprüfen, aus Angst, nicht gut genug, erfüllt oder glücklich genug zu sein.

Ein weiteres Element, das das übermäßige Nachdenken anheizt, ist die Angst vor dem Urteil anderer Menschen. Viele Menschen wachsen mit der Idee auf, dass ihr Wert davon abhängt, was andere über sie denken. Dies führt zu einer ständigen Suche nach Anerkennung, die sich in der verzweifelten Analyse der eigenen Handlungen und Worte manifestiert. Der Verstand wird besessen von der Idee, keinen schlechten Eindruck zu hinterlassen, Erwartungen nicht zu enttäuschen, nicht kritisiert zu werden. Dies führt zu einer ständigen Überwachung des eigenen Verhaltens, mit dem Ergebnis, dass jede soziale Interaktion zu einer Quelle von Stress und Unsicherheit wird.

Innere Glaubenssätze spielen eine entscheidende Rolle beim Überdenken. Viele Menschen wachsen mit einschränkenden Denkmustern auf, die ihre Wahrnehmung der Realität beeinflussen. Der Glaube, dass du nicht intelligent, fähig oder erfolgswürdig genug bist, führt dazu, dass der Verstand jede Handlung in Frage stellt. Diese mentalen Muster verstärken sich im Laufe der Zeit und erzeugen negative Selbstgespräche, die Unsicherheit nähren. Jeder Fehler wird zur Bestätigung eines Versagens, jede Kritik zum Zeichen von Unzulänglichkeit. So entsteht ein kontinuierlicher Kreislauf von Selbstanalyse und Selbstverurteilung, in dem der Verstand zum schlimmsten Feind des Menschen selbst wird.

Übermäßiges Nachdenken ist auch mit der Angst vor Fehlern und der Angst, schlechte Entscheidungen zu treffen, verbunden. Viele vermeiden es, Maßnahmen zu ergreifen, weil sie Angst vor den negativen Konsequenzen haben. Dies führt zu einer Entscheidungslähmung, in der jede Entscheidung zu einem unüberwindbaren Dilemma wird. Der Verstand versucht, jedes mögliche Szenario zu analysieren, um das Risiko zu vermeiden, Fehler zu machen, aber in Wirklichkeit führt dies nur zu einer Zunahme von Angst und Unentschlossenheit. Das Ergebnis ist, dass viele Menschen stecken bleiben und nicht vorankommen können, weil sie zu sehr damit beschäftigt sind, jeden möglichen Fehler zu bewerten, anstatt sich auf Chancen zu konzentrieren.

Persönliche Beziehungen sind stark von übermäßigem Nachdenken betroffen. Diejenigen, die zu oft nachdenken, neigen dazu, die Worte und Taten anderer zu überinterpretieren und verborgene Bedeutungen zu lesen, wo es keine gibt. Dies führt zu Missverständnissen, Konflikten und einem Gefühl der Unsicherheit, das die Qualität der zwischenmenschlichen Beziehungen untergräbt. Die Angst, das Falsche zu sagen oder zu tun, kann dazu führen, Konfrontationen zu vermeiden, Emotionen zurückzuhalten und Beziehungen mit Angst und Unzufriedenheit zu leben.

Übermäßiges Nachdenken schürt auch Selbstsabotage. Wenn der Verstand in einem Kreislauf negativer Gedanken gefangen ist, wird es schwierig, effektiv zu handeln. Jede Gelegenheit wird durch den Filter der Angst und des Zweifels gesehen, was die Person dazu bringt, Risiken zu vermeiden und Erfahrungen aufzugeben, die ihr Leben bereichern könnten. Diese Einstellung kann zu persönlicher und beruflicher Stagnation führen und die Person daran hindern, zu wachsen und sich vollkommen zu verwirklichen.

Das Verständnis der Wurzeln des Überdenkens ist unerlässlich, um dieses mentale Muster zu durchbrechen. Die Ursachen, die einen Menschen dazu bringen, zu viel nachzudenken, sind vielfältig und oft komplex, aber sich dieser Mechanismen bewusst zu werden, ist der erste Schritt, um die Kontrolle über seinen Geist wiederzuerlangen. Nur wenn man sich den Ängsten, Unsicherheiten und einschränkenden Glaubenssätzen stellt, die übermäßiges Denken nähren, ist es möglich, sich von dieser Last zu befreien und eine gelassenere und ausgeglichenere geistige Haltung zu entwickeln.

2.1 – Der Zusammenhang zwischen Angst, Unsicherheit und übermäßigem Nachdenken

Zu viel nachzudenken ist nicht nur eine schlechte mentale Angewohnheit, sondern oft auch das Symptom eines Zustands tiefer Angst und Unsicherheit. Viele Menschen, die sich in einem kontinuierlichen Kreislauf von sich wiederholenden und obsessiven Gedanken gefangen fühlen, tun dies, weil ihr Verstand versucht, ein Gefühl der Sicherheit in einer unsicheren Welt zu finden. Angst und Unsicherheit befeuern das Überdenken, und im Gegenzug verstärkt das Überdenken Angst und Unsicherheit und schafft einen Teufelskreis, der schwer zu durchbrechen ist.

Wenn eine Person ängstlich ist, interpretiert das Gehirn selbst die einfachsten Situationen als potenziell gefährlich. Dies geschieht, weil die Amygdala, der Teil des Gehirns, der für die Angstreaktion verantwortlich ist, überaktiv wird. Angst ist das Ergebnis eines ständig eingeschalteten Alarmsystems, das Körper und Geist signalisiert, dass man vorsichtig sein muss, auch wenn keine wirklichen Gefahren bestehen. Übermäßiges Nachdenken wird zu der Art und Weise, wie der Verstand versucht, die Angst zu kontrollieren: Indem er jedes Detail, jede Möglichkeit, jedes Szenario analysiert, versucht die Person, die Unsicherheit zu verringern und sich sicherer zu fühlen. Anstatt jedoch zu einer Lösung zu führen, nährt dieser Prozess den Zustand von Stress und Angst noch mehr.

Unsicherheit spielt in diesem Mechanismus eine grundlegende Rolle. Unsichere Menschen neigen dazu, ständig an ihren Entscheidungen und Fähigkeiten zu zweifeln. Jede Entscheidung wird zu einem potentiellen Fehler, jede Handlung unterliegt einer endlosen internen Überprüfung, jedes gesagte Wort wird analysiert und erneut analysiert, aus Angst, einen Fehler gemacht zu haben. Diese Haltung stammt oft aus vergangenen Erfahrungen, in denen die Person gelernt hat, dass Fehler zu negativen Konsequenzen wie Kritik, Ablehnung oder Versagen führen.

Viele entwickeln diese Unsicherheit schon im Kindesalter. Wenn ein Mensch in einem Umfeld aufwächst, in dem jeder Fehler aufgezeigt und bestraft wird, oder in der Anerkennung davon abhängt, sehr hohe Standards zu erreichen, wird er lernen, an sich selbst zu zweifeln. Das Ergebnis ist, dass wir als Erwachsene dazu neigen, über jede

27

Entscheidung nachzudenken, um ein Scheitern oder das Urteil anderer zu vermeiden.

Ein weiterer wichtiger Aspekt der Beziehung zwischen Angst, Unsicherheit und übermäßigem Nachdenken ist die Angst vor der Zukunft. Menschen, die unter Erwartungsangst leiden, leben in ständiger Angst, dass etwas Negatives passieren könnte. Dies führt dazu, dass sie ständig Hypothesen über negative Szenarien aufstellen und sich auf das Schlimmste vorbereiten. Auch wenn diese Szenarien nie eintreten, bleibt der Geist in einem Zustand ständiger Spannung. Diese Art des Denkens manifestiert sich in Sätzen wie "Was ist, wenn alles schief geht?" oder "Was ist, wenn ich nicht gut genug bin?".

Diejenigen, die unter sozialer Angst leiden, erleben eine bestimmte Form des Überdenkens im Zusammenhang mit Interaktionen mit anderen. Nach einem Gespräch können sie Stunden oder Tage damit verbringen, über jedes gesprochene Wort nachzudenken und zu analysieren, ob sie einen guten Eindruck hinterlassen oder einen Fehler gemacht haben. Die Angst vor der Verurteilung anderer wird so groß, dass sie dazu führen kann, soziale Situationen zu meiden, das persönliche Leben und die persönlichen Möglichkeiten einzuschränken.

Das durch Unsicherheit verursachte Überdenken manifestiert sich auch in der Art und Weise, wie Menschen Beziehungen angehen. Diejenigen, die sich zum Beispiel in einer romantischen Beziehung unsicher fühlen, könnten jede empfangene Nachricht, jeden Ausdruck des Partners analysieren und versuchen zu verstehen, ob es versteckte Anzeichen für ein Problem oder eine bevorstehende Trennung gibt. Diese Art des obsessiven Denkens erzeugt nicht nur Angst, sondern kann auch die Beziehung selbst schädigen, da sie zu Missverständnissen und einer ständigen Bitte um Bestätigung führt.

Angst und Unsicherheit wirken sich auch auf die Fähigkeit aus, Entscheidungen zu treffen. Diejenigen, die unter übermäßigem Nachdenken leiden, neigen dazu, zu zögern, weil sie Angst haben, Fehler zu machen. Jede Entscheidung wird aus jedem Blickwinkel betrachtet, und je mehr Zeit Sie mit dem Nachdenken verbringen, desto schwieriger wird es, zu einer endgültigen Wahl zu gelangen. Dies führt zu einer Entscheidungslähmung, bei der die Person es aus Angst vor den Konsequenzen vermeidet, Stellung zu beziehen.

Ein weiterer Nebeneffekt des angstbedingten Überdenkens ist die Tendenz, sich mehr auf die negativen Dinge als auf die positiven Dinge zu konzentrieren. Das ängstliche Gehirn neigt von Natur aus dazu, die negativen Details einer Situation zu bemerken und ihnen mehr Gewicht beizumessen als den positiven Aspekten. Dies führt zu einem Gefühl von Pessimismus und Hilflosigkeit, was wiederum zu viel Nachdenken anheizt. Um besser zu verstehen, wie Angst und Unsicherheit das übermäßige Nachdenken verstärken, schauen Sie sich einfach an, wie der Geist funktioniert, wenn er sich in einem Alarmzustand befindet. Stellen wir uns eine Person vor, die gerade eine wichtige E-Mail an ihren Chef geschickt hat. Bei einem ausgeglichenen Geist endet die Handlung dort: Die E-Mail wurde versendet und es besteht kein Grund, weiter darüber nachzudenken. In einem ängstlichen und unsicheren Geist beginnen jedoch Zweifel: "Habe ich richtig geschrieben?", "Was ist, wenn sich mein Chef durch einen Satz beleidigt fühlt?", "Hätte ich noch einmal lesen sollen?". Diese Gedanken folgen endlos aufeinander und erzeugen eine mentale Schleife, die Energie verbraucht, ohne zu einer konkreten Lösung zu führen.

Übermäßiges Nachdenken ist daher eine ineffektive Bewältigungsstrategie, mit der das Gehirn mit Angst und Unsicherheit umgeht. Das Problem ist, dass es Probleme nicht löst, sondern verstärkt. Je mehr du über etwas nachdenkst, desto mehr wächst die Angst, weil der Verstand dazu gebracht wird zu glauben, dass es wirklich ein Problem geben muss, wenn er eine Situation so sehr analysiert.

Zu erkennen, dass Angst, Unsicherheit und übermäßiges Nachdenken miteinander verbunden sind, ist der erste Schritt, um diesen Kreislauf zu durchbrechen. Die Arbeit an Selbstvertrauen, Angstbewältigung und der Fähigkeit, Unsicherheiten zu akzeptieren, hilft, das zwanghafte Bedürfnis zu reduzieren, jedes Detail zu analysieren. Nur so ist es möglich, den Geist von dieser Last zu befreien und mehr Gelassenheit und Leichtigkeit in lebendigen Alltagssituationen zurückzugewinnen.

2.2 – Die Rolle vergangener Erfahrungen und Bildung beim Überdenken

Übermäßiges Nachdenken kommt nicht aus dem Nichts, sondern ist oft das Ergebnis vergangener Erfahrungen, die die Art und Weise beeinflusst haben, wie eine Person sich selbst und die Welt wahrnimmt. Die Art und Weise, wie wir erzogen wurden, die Erfahrungen, die wir in der Kindheit gemacht haben, und unsere Interaktionen mit anderen spielen eine wichtige Rolle bei der Entwicklung des Überdenkens. Der Verstand fängt nicht ohne Grund an zu grübeln, sondern er tut es, weil er im Laufe der Zeit gelernt hat, dass die Analyse jedes Details, das Antizipieren der möglichen Konsequenzen und das Anzweifeln an den eigenen Entscheidungen der beste Weg ist, um Versagen, Schmerz oder Ablehnung zu vermeiden.

Einer der einflussreichsten Faktoren für die Entwicklung des Überdenkens ist das familiäre Umfeld, in dem eine Person aufwächst. Kinder nehmen die emotionale Dynamik der Familie auf und lernen, die Welt nach den Mustern zu führen, die sie beobachten. Wenn ein Kind in einer Umgebung aufwächst, in der die Eltern überkritisch, unberechenbar oder übermäßig ängstlich sind, entwickelt es wahrscheinlich die Tendenz, sein Verhalten ständig zu überwachen, um Fehler zu vermeiden.

Hyperkritische Eltern vermitteln dem Kind die Vorstellung, dass jede Handlung perfekt sein muss und dass Fehler nicht akzeptabel sind. Ein Kind, das oft für jeden kleinen Fehler gescholten wird, lernt, dass es jede Situation im Detail analysieren muss, bevor es handelt, um negative Urteile zu vermeiden. Dieses mentale Muster wird ihn bis ins Erwachsenenalter begleiten und sich in eine Gewohnheit des ständigen Denkens verwandeln, die ihn dazu bringt, jede Entscheidung obsessiv zu überprüfen und Angst vor dem Scheitern zu haben.

In ähnlicher Weise kann ein unvorhersehbares familiäres Umfeld, in dem die emotionalen Reaktionen der Eltern instabil oder schwer vorherzusagen sind, dazu führen, dass ein Kind eine hyperaktive Aufmerksamkeit für jedes Detail entwickelt. Wenn ein Elternteil an einem Tag liebevoll ist und am nächsten Tag ohne ersichtlichen Grund distanziert oder wütend ist, wird das Kind lernen, immer wachsam zu sein und zu verstehen, was es falsch gemacht hat und wie es sich anders verhalten könnte, um negative Reaktionen zu vermeiden. Dieses Muster der Hypervigilanz wird zur Grundlage des Überdenkens, weil die erwachsene Person weiterhin den gleichen Mechanismus in jedem Kontext anwendet und obsessiv Situationen und Interaktionen analysiert, um negative Konsequenzen zu vermeiden.

Ein weiteres Element, das zum Überdenken beiträgt, ist die Erziehung, die auf Angst und Unruhe basiert. Wenn ein Kind mit Eltern aufwächst, die die Welt als gefährlichen und risikobehafteten Ort ansehen, wird es wahrscheinlich diese Sichtweise verinnerlichen und eine Tendenz entwickeln, sich übermäßig Sorgen zu machen. Sätze wie "Sei vorsichtig, du könntest verletzt werden", "Vertraue den Menschen nicht, sie könnten dich ausnutzen" oder "Wenn du nicht alles perfekt machst, wirst du auf Probleme stoßen" programmieren das Gehirn so, dass es jede Situation als potenzielle Bedrohung sieht.

Auch der Einfluss der schulischen Bildung kann einen erheblichen Einfluss haben. Bildungssysteme, die Fehler statt Lernen in den Vordergrund stellen, können die Angst vor Fehlern verstärken. Wenn ein Kind in einem schulischen Umfeld aufwächst, in dem es ständig für jeden kleinen Fehler bestraft und selten für die Fortschritte, die es gemacht hat, ermutigt wird, wird es lernen, Verurteilungen zu fürchten und zu viel nachzudenken, bevor es handelt. Diese Einstellung verwandelt sich leicht in eine Tendenz, jede Entscheidung mit Angst und Unsicherheit zu überprüfen, was zum Überdenken führt.

Hyperkritische Eltern vermitteln dem Kind die Vorstellung, dass jede Handlung perfekt sein muss und dass Fehler nicht akzeptabel sind. Ein Kind, das oft für jeden kleinen Fehler gescholten wird, lernt, dass es jede Situation im Detail analysieren muss, bevor es handelt, um negative Urteile zu vermeiden. Dieses mentale Muster wird ihn bis ins Erwachsenenalter begleiten und sich in eine Gewohnheit des ständigen Denkens verwandeln, die ihn dazu bringt, jede Entscheidung obsessiv zu überprüfen und Angst vor dem Scheitern zu haben.

In ähnlicher Weise kann ein unvorhersehbares familiäres Umfeld, in dem die emotionalen Reaktionen der Eltern instabil oder schwer vorherzusagen sind, dazu führen, dass ein Kind eine hyperaktive Aufmerksamkeit für jedes Detail entwickelt. Wenn ein Elternteil an einem Tag liebevoll ist und am nächsten Tag ohne ersichtlichen Grund distanziert oder wütend ist, wird das Kind lernen, immer wachsam zu sein und zu verstehen, was es falsch gemacht hat und wie es sich anders verhalten könnte, um negative Reaktionen zu vermeiden. Dieses Muster der Hypervigilanz wird zur Grundlage des Überdenkens, weil die erwachsene Person weiterhin den gleichen Mechanismus in jedem Kontext anwendet und obsessiv Situationen und Interaktionen analysiert, um negative Konsequenzen zu vermeiden.

Ein weiteres Element, das zum Überdenken beiträgt, ist die Erziehung, die auf Angst und Unruhe basiert. Wenn ein Kind mit Eltern aufwächst, die die Welt als gefährlichen und risikobehafteten Ort ansehen, wird es wahrscheinlich diese Sichtweise verinnerlichen und eine Tendenz entwickeln, sich übermäßig Sorgen zu machen. Sätze wie "Sei vorsichtig, du könntest verletzt werden", "Vertraue den Menschen nicht, sie könnten dich ausnutzen" oder "Wenn du nicht alles perfekt machst, wirst du auf

Probleme stoßen" programmieren das Gehirn so, dass es jede Situation als potenzielle Bedrohung sieht.

Auch der Einfluss der schulischen Bildung kann einen erheblichen Einfluss haben. Bildungssysteme, die Fehler statt Lernen in den Vordergrund stellen, können die Angst vor Fehlern verstärken. Wenn ein Kind in einem schulischen Umfeld aufwächst, in dem es ständig für jeden kleinen Fehler bestraft und selten für die Fortschritte, die es gemacht hat, ermutigt wird, wird es lernen, Verurteilungen zu fürchten und zu viel nachzudenken, bevor es handelt. Diese Einstellung verwandelt sich leicht in eine Tendenz, jede Entscheidung mit Angst und Unsicherheit zu überprüfen, was zum Überdenken führt.

Glaubenssätze, die in der Kindheit verwurzelt und durch Lebenserfahrungen verstärkt werden, können daher eine Veranlagung zum Überdenken schaffen, die sich in vielen Aspekten des täglichen Lebens manifestiert. Zu verstehen, dass diese mentalen Muster nicht angeboren, sondern erlernt sind, ist unerlässlich, um sie zu ändern. Denkgewohnheiten bilden sich im Laufe der Zeit, aber das bedeutet auch, dass sie verändert werden können. Wenn Sie sich der Ursprünge des Überdenkens bewusst sind, können Sie effektivere Strategien entwickeln, um den Kreislauf zu durchbrechen und leichter und selbstbewusster zu leben.

Das Aufbrechen der Verbindungen zwischen vergangenen Erfahrungen und übermäßigem Nachdenken erfordert einen Prozess der mentalen Umerziehung, in dem man lernt, seine einschränkenden Denkmuster zu erkennen und sie durch einen ausgewogeneren und positiveren Ansatz zu ersetzen. Übermäßiges Nachdenken ist nicht unvermeidlich, sondern eine Gewohnheit, die man mit der richtigen Arbeit an sich selbst ändern kann.

2.3 – Einschränkende Glaubenssätze und die Macht des Geistes beim Überdenken

Übermäßiges Nachdenken ist nicht nur eine Frage der mentalen Gewohnheit oder vergangener Erfahrungen, sondern wird auch stark von den Überzeugungen beeinflusst, die eine Person über sich selbst und die Welt hat. Einschränkende Glaubenssätze sind tief verwurzelte Gedanken, die die Art und Weise prägen, wie wir die Realität sehen und auf Situationen reagieren. Oft sind diejenigen, die unter übermäßigem Nachdenken leiden, Gefangene von Glaubenssätzen, die das Bedürfnis verstärken, jedes Detail zu analysieren, und ständig Angst vor dem Versagen oder dem Urteil anderer haben.

Einschränkende Glaubenssätze werden im Laufe des Lebens gebildet, oft ohne, dass wir es merken. Sie können aus der erhaltenen Erziehung stammen, aus den gelebten Erfahrungen oder aus den Botschaften, die wir von der Gesellschaft verinnerlicht haben. Sie sind wie mentale Programme, die die Art und Weise beeinflussen, wie wir denken, handeln und Entscheidungen treffen. Zu den häufigsten Glaubenssätzen, die zum Überdenken führen, gehören:

"Ich kann es mir nicht leisten, Fehler zu machen." Wer diese Überzeugung hat, lebt jede Entscheidung mit Angst, weil er befürchtet, dass ein Fehler katastrophale Folgen haben könnte. Dies führt zu einer Lähmung der Entscheidungsfindung und einer Überanalyse jeder Entscheidung.

"Ich muss es allen recht machen." Dieser Glaube führt zu einer kontinuierlichen Überwachung der eigenen Taten und Worte, um die Verurteilung anderer zu vermeiden. Jede soziale Interaktion wird im Kopf überprüft, um zu verstehen, ob du angemessen genug warst oder ob du etwas Falsches gesagt hast.

"Ich bin nicht gut genug." Menschen, die sich ständig unzulänglich fühlen, neigen dazu, an ihren Fähigkeiten zu zweifeln und Bestätigung von außen zu suchen. Das führt dazu, dass sie ihre Leistung ständig überdenken, weil sie befürchten, dass sie den Erwartungen nicht gerecht werden.

"Wenn ich nicht alles im Griff habe, geht schon etwas schief." Dieser Glaube treibt die Menschen an, jedes mögliche negative Szenario vorherzusagen und zu versuchen, jedes Problem zu antizipieren. Das Bedürfnis nach Kontrolle wird so stark, dass es dich daran hindert, dich zu entspannen und die Gegenwart zu genießen.

Einschränkende Überzeugungen sind keine absoluten Wahrheiten, sondern verzerrte Wahrnehmungen der Realität. Das Gehirn unterscheidet jedoch nicht zwischen Realität und Interpretation: Wenn eine Person zutiefst an etwas glaubt, wird ihr Gehirn so handeln, als ob diese Überzeugung wahr wäre. Das bedeutet, dass einschränkende Glaubenssätze das Verhalten und die Art und Weise, wie wir mit dem Leben umgehen, beeinflussen und übermäßiges Nachdenken und Unsicherheit verstärken können.

Ein interessanter Aspekt der Funktionsweise des Geistes ist, dass je mehr ein Mensch einen Gedanken wiederholt, desto mehr wird dieser Gedanke in seinem Geist zur Realität. Das ist der Grund, warum einschränkende Glaubenssätze im Laufe der Zeit verstärkt werden: Wann immer eine Person denkt, dass sie nicht fähig genug ist, verstärkt sie diese Überzeugung. Je mehr er dieses geistige Muster wiederholt, desto schwieriger wird es, es loszuwerden.

Wiederholtes Denken schafft auch stärkere neuronale Verbindungen im Gehirn. Wann immer du eine Situation überanalysierst, stärkst du den mentalen Kreislauf des Überdenkens. Dies erklärt, warum es für überdenkende Betroffene schwierig ist, damit aufzuhören: Das Gehirn hat eine neuronale Gewohnheit geschaffen, die es automatisch zum Grübeln bringt, wenn eine Situation der Unsicherheit entsteht.

Um diesen Kreislauf zu durchbrechen, ist es entscheidend zu lernen, deine einschränkenden Glaubenssätze zu hinterfragen. Eine effektive Möglichkeit, dies zu tun, ist die Verwendung der Challenge-Frage-Methode. Wenn ein einschränkender Gedanke auftaucht, kann man sich fragen:

- **Ist dieser Glaube wahr oder ist es nur meine Wahrnehmung?**
- **Was würde ich einem Freund sagen, der in der gleichen Situation ist wie ich?**
- **Gibt es irgendwelche konkreten Beweise, die das Gegenteil von dem beweisen, was ich denke?**
- **Was Positives könnte passieren, wenn ich diesen Gedanken loslasse?**

Das Hinterfragen von einschränkenden Glaubenssätzen hilft, ihre Macht zu verringern und eine neue, ausgewogenere Perspektive zu schaffen. Dies ist ein wesentlicher Schritt, um sich vom übermäßigen Nachdenken zu befreien und eine selbstbewusstere und positivere Denkweise zu entwickeln.

Ein weiteres mächtiges Werkzeug, um einschränkende Glaubenssätze zu transformieren, ist die Technik der positiven Affirmation. Das Wiederholen motivierender und realistischer Sätze kann dem Gehirn helfen, neue neuronale Verbindungen herzustellen und alte mentale Muster durch konstruktivere Gedanken zu ersetzen. Einige Beispiele für nützliche Aussagen sind:

- "Sie sind in der Lage, Herausforderungen mit Zuversicht zu meistern."
- "Ich muss nicht perfekt sein, um Liebe und Respekt zu verdienen."
- "Ich kann aus meinen Fehlern lernen und wachsen."
- "Ich muss nicht alles kontrollieren, um gelassen zu sein."

Diese Sätze täglich zu wiederholen, mag wie eine einfache Übung erscheinen, aber sie hat einen tiefgreifenden Einfluss auf den Geist. Mit der Zeit beginnt das Gehirn, diese neuen Gedanken als Wahrheit zu akzeptieren, wodurch der Einfluss einschränkender Überzeugungen reduziert wird.

Neben Affirmationen ist das reflektierende Schreiben ein weiteres nützliches Werkzeug. Wenn du deine Gedanken in ein Tagebuch schreibst, kannst du die Denkmuster erkennen, die das Überdenken befeuern. Wenn ein einschränkender Gedanke auftaucht, hilft es dir, ihn aufzuschreiben und zu analysieren, ihn klarer zu sehen und dich von ihm zu distanzieren.

Eine nützliche Übung ist es, ein Tagebuch zu führen, in dem Sie Folgendes notieren:

- Die Situationen, in denen wir zu grübeln begannen
- Die Gedanken, die in diesem Moment auftauchten
- Die gefühlten Emotionen
- Eine rationale oder alternative Reaktion auf negatives Denken

Im Laufe der Zeit können Sie mit dieser Übung, die am häufigsten wiederkehrenden Gedanken identifizieren und Strategien finden, um ausgewogener mit ihnen umzugehen.

Die Macht des Geistes ist außergewöhnlich, aber sie arbeitet oft gegen uns, wenn wir zulassen, dass einschränkende Glaubenssätze unser Denken dominieren. Sich von übermäßigem Denken zu befreien bedeutet, zu lernen, die Kontrolle über seinen Geist zu übernehmen und alte Denkmuster durch gesündere, konstruktivere Gewohnheiten zu ersetzen. Es ist ein Prozess, der Engagement und Durchhaltevermögen erfordert, aber zu mehr Gelassenheit, Selbstvertrauen und geistiger Freiheit führt.

Kapitel: 3 – Positive Psychologie als Werkzeug zur Überwindung des Überdenkens

Übermäßiges Nachdenken ist das Ergebnis einer mentalen Gewohnheit, die dazu führt, dass sich der Geist auf Probleme, negative Szenarien und Unsicherheiten konzentriert, ohne einen Ausweg zu finden. Die traditionelle Psychologie hat oft versucht, dieses Phänomen anzugehen, indem sie die Symptome und Ursachen von Angst und Stress untersuchte, aber eine neuere Disziplin, die positive Psychologie, hat einen anderen Ansatz eingeführt. Anstatt sich darauf zu konzentrieren, was falsch läuft, lehrt die positive Psychologie, wie man Geisteszustände entwickelt, die das Wohlbefinden und das persönliche Wachstum fördern.

Die positive Psychologie entstand aus den Studien von Martin Seligman, der zeigte, dass Glück und persönliche Erfüllung nicht nur aus der Abwesenheit von Problemen entstehen, sondern auch aus der Fähigkeit, den Geist zu trainieren, sich auf die konstruktiven Aspekte des Lebens zu konzentrieren. Das bedeutet nicht, Schwierigkeiten zu ignorieren, sondern zu lernen, eine mentale Haltung zu entwickeln, die es dir ermöglicht, ihnen mit größerer Ausgeglichenheit und Bewusstheit zu begegnen.

Diejenigen, die unter übermäßigem Nachdenken leiden, neigen dazu, die Realität durch den Filter der Angst und Unsicherheit zu sehen. Der Verstand analysiert ständig die Details, versucht, jeden möglichen Fehler vorherzusagen und konzentriert sich darauf, was schief gehen könnte. Diese Einstellung erzeugt ein Gefühl der Hilflosigkeit und ständiger Angst, da das Gehirn in einem Kreislauf aus negativen und sich wiederholenden Gedanken gefangen ist. Die Positive Psychologie bietet einen Ausweg und lehrt uns, den Fokus von Problemen auf Lösungen, von Ängsten auf Chancen, von obsessiven Gedanken auf das Bewusstsein für die Gegenwart zu verlagern.

Eines der Grundprinzipien der positiven Psychologie ist, dass Gedanken Emotionen und Verhalten direkt beeinflussen. Wenn sich eine Person daran gewöhnt, sich auf die negativen Aspekte des Lebens zu konzentrieren, passt sich das Gehirn an dieses Muster an und wird immer anfälliger dafür, zu bemerken, was nicht stimmt. Dieser Mechanismus ist als selektive Aufmerksamkeit bekannt, weshalb überdenkende Betroffene dazu neigen, ständig neue Gründe zu finden, sich Sorgen zu machen. Die gute Nachricht ist, dass dasselbe Prinzip im positiven Sinne ausgenutzt werden kann: Indem Sie den Geist trainieren, die positiven Aspekte des Lebens zu erkennen und zu schätzen, können Sie den Kreislauf des

Überdenkens durchbrechen und eine gelassenere und widerstandsfähigere Denkweise entwickeln.

Eines der mächtigsten Werkzeuge in der positiven Psychologie, um dem Überdenken entgegenzuwirken, ist die achtsame Dankbarkeit. Zahlreiche Studien haben gezeigt, dass Menschen, die regelmäßig Dankbarkeit üben, weniger anfällig für Grübeln sind und eher in der Lage sind, mit Stress umzugehen. Dankbarkeit hilft dem Gehirn, sich auf das zu konzentrieren, was funktioniert, anstatt auf das, was fehlt, und reduziert die Tendenz, sich obsessiv Sorgen zu machen. Selbst etwas so Einfaches wie das Aufschreiben von drei Dingen, für die Sie jeden Abend dankbar sind, kann einen großen Unterschied in Ihrer Lebensqualität machen.

Ein weiteres wesentliches Werkzeug der positiven Psychologie ist die emotionale Widerstandsfähigkeit oder die Fähigkeit, Schwierigkeiten zu begegnen, ohne von negativen Gedanken überwältigt zu werden. Resiliente Menschen gehen Problemen nicht aus dem Weg, sondern gehen sie mit einer Haltung an, die es ihnen ermöglicht, aus jeder Erfahrung zu lernen und zu wachsen. Diese Haltung entwickelt sich, indem man lernt, Ereignisse konstruktiver zu interpretieren. Anstatt zum Beispiel zu denken: "Ich habe versagt, also bin ich nicht fähig", könnte eine belastbare Person sagen: "Diese Erfahrung hat mich etwas Wichtiges darüber gelehrt, wie ich mich beim nächsten Mal verbessern kann."

Das Bewusstsein für den gegenwärtigen Moment, bekannt als Achtsamkeit, ist auch ein wirksames Werkzeug, um übermäßiges Nachdenken zu reduzieren. Wer zu viel nachdenkt, ist oft in der Vergangenheit gefangen, grübelt über Fehler nach oder macht sich Sorgen über die Zukunft, was passieren könnte. Achtsamkeit hilft, die Aufmerksamkeit wieder auf die Gegenwart zu lenken, den Fluss obsessiver Gedanken zu unterbrechen und mit größerer Gelassenheit zu leben. Übungen wie tiefes Atmen, geführte Meditation und achtsame Beobachtung deiner Emotionen können dir helfen, diese Fähigkeit zu entwickeln.

Ein weiterer wichtiger Aspekt der positiven Psychologie ist das Selbstmitgefühl. Viele Menschen, die unter übermäßigem Denken leiden, sind kritisch mit sich selbst. Jeder Fehler wird endlos analysiert, jede Entscheidung wird hart beurteilt und oft wird die Person hart behandelt, so dass kein Raum für Selbstakzeptanz bleibt. Selbstmitgefühl bedeutet, zu lernen, sich selbst mit der gleichen Freundlichkeit und dem gleichen Verständnis zu behandeln, wie man einen Freund behandeln würde. Anstatt sich selbst die Schuld für einen Fehler zu geben, würde sich eine

Person, die Selbstmitgefühl praktiziert, fragen: "Was kann ich aus dieser Erfahrung lernen?" oder "Wie kann ich mich verbessern, ohne mich unnötig zu bestrafen?"

Die positive Psychologie lehrt auch, wie wichtig es ist, eine wachstumsorientierte Denkweise aufzubauen. Menschen, die Schwierigkeiten als Lernmöglichkeiten und nicht als unüberwindbare Hindernisse sehen, verfallen weniger wahrscheinlich in übermäßiges Nachdenken. Dieser Ansatz hilft Ihnen, ein Gefühl des Vertrauens in sich selbst und Ihre Fähigkeit zu entwickeln, sich den Herausforderungen des Lebens zu stellen, ohne sich überfordert zu fühlen.

Übermäßiges Nachdenken wird oft durch den Glauben angeheizt, dass es für jedes Problem eine perfekte Lösung gibt. Positive Psychologie hilft zu verstehen, dass das Leben aus Versuch und Irrtum besteht und dass es keine perfekte Entscheidung gibt, sondern nur Entscheidungen, die mit dem besten Bewusstseinsniveau getroffen werden können, das in diesem Moment verfügbar ist. Diese Wahrheit zu akzeptieren, reduziert die Notwendigkeit, jedes Detail zu analysieren, und ermöglicht es dir, leichter zu leben.

Schließlich ist ein grundlegendes Element der positiven Psychologie der Aufbau gesunder und unterstützender Beziehungen. Menschen, die unter übermäßigem Nachdenken leiden, isolieren sich oft in ihren Gedanken und versuchen, alles auf eigene Faust zu lösen. Eine starke soziale Unterstützung kann jedoch einen großen Unterschied machen. Wenn Sie Ihre Zweifel und Bedenken mit vertrauenswürdigen Personen teilen, können Sie die Belastung durch Ängste verringern und eine ausgewogenere Perspektive auf Situationen gewinnen.

Die Prinzipien der Positiven Psychologie anzuwenden, bedeutet nicht, Probleme zu ignorieren, sondern zu lernen, sie konstruktiver zu bewältigen. Die Entwicklung von Dankbarkeit, Resilienz, Bewusstsein und Selbstmitgefühl hilft, den Kreislauf des Überdenkens zu durchbrechen und eine gelassenere und proaktivere Denkweise aufzubauen. Diese Werkzeuge bieten eine konkrete Alternative zum übermäßigen Nachdenken und Ermöglichen es Ihnen, mit größerer Ausgeglichenheit und Vertrauen in Ihre Fähigkeiten zu leben.

3.1 – Was ist Positive Psychologie und warum wirkt sie gegen übermäßiges Nachdenken?

Die Positive Psychologie ist eine junge Disziplin, die sich auf die Entwicklung des psychischen Wohlbefindens konzentriert, anstatt nur Angst und Stress zu reduzieren. Im Gegensatz zur traditionellen Psychologie, die sich oft auf Probleme und Pathologien konzentriert, untersucht die positive Psychologie, was Menschen glücklicher, widerstandsfähiger und mental stärker macht. Dieser Ansatz basiert auf wissenschaftlichen Untersuchungen, die zeigen, wie veränderte Gedanken und mentale Gewohnheiten einen erheblichen Einfluss auf die Lebensqualität haben können.

Übermäßiges Nachdenken ist eine der Hauptursachen für Unzufriedenheit und chronischen Stress. Menschen, die zu viel nachdenken, neigen dazu, sich auf Sorgen, Zweifel und die Möglichkeit des Scheiterns zu konzentrieren und so einen Zustand ständiger Angst zu schüren. Die Positive Psychologie bietet Werkzeuge, um diesem Mechanismus entgegenzuwirken, indem sie den Geist lehrt, seine Aufmerksamkeit auf nützlichere und konstruktivere Gedanken zu lenken.

Die wissenschaftlichen Grundlagen der Positiven Psychologie

Die Positive Psychologie basiert auf neurowissenschaftlichen Studien, die zeigen, wie das Gehirn durch neue Denk- und Verhaltensmuster umprogrammiert werden kann. Dieses Phänomen ist als Neuroplastizität bekannt, d. h. die Fähigkeit des Gehirns, seine neuronalen Verbindungen als Reaktion auf wiederholte Erfahrungen und Gedanken anzupassen und zu verändern.

Jeder Gedanke stärkt eine neuronale Verbindung: Je mehr Sie über ein Problem nachdenken, desto mehr stärkt das Gehirn den Schaltkreis, der mit Sorgen und Ängsten verbunden ist.

Positives Denken kann das Gehirn umstrukturieren: Eine optimistische und belastbare Denkweise hilft, neuronale Schaltkreise zu entwickeln, die das Wohlbefinden fördern und die Tendenz zum Überdenken verringern.

Positive Emotionen haben eine biologische Wirkung: Die Forschung hat gezeigt, dass Erfahrungen von Dankbarkeit, Freude und Liebe die Freisetzung von Serotonin und Dopamin erhöhen, Neurotransmittern, die mit Glück und Stressabbau verbunden sind.

Menschen, die regelmäßig Techniken der positiven Psychologie anwenden, zeigen eine Verringerung des Cortisolspiegels, des Stresshormons, und eine größere Fähigkeit, mit Schwierigkeiten umzugehen, ohne von Ängsten überwältigt zu werden.

Warum ist die Positive Psychologie so wirksam gegen Überdenken?
Übermäßiges Nachdenken wird durch eine Reihe dysfunktionaler mentaler Muster angeheizt, die den Geist in einem Kreislauf von Zweifeln und Unsicherheiten gefangen halten. Die Positive Psychologie greift in diese Muster ein und lehrt Strategien, um sie zu unterbrechen und durch ausgewogenere und funktionalere Gedanken zu ersetzen.

- Hier sind einige der Gründe, warum die Positive Psychologie besonders effektiv gegen übermäßiges Denken ist:
- **Verlagern Sie den Fokus von Problemen auf Lösungen:** Betroffene neigen dazu, sich auf das zu konzentrieren, was schief gehen könnte, anstatt nach Lösungen zu suchen. Die Positive Psychologie lehrt Sie, sich auf die Aspekte zu konzentrieren, die verbessert werden können, anstatt in negativen Gedanken stecken zu bleiben.
- **Durchbrechen Sie den Teufelskreis der Negativität:** Trainieren Sie Ihren Geist, die positiven Aspekte des Lebens zu erkennen und zu schätzen, verringert sich die Tendenz, über das Falsche nachzudenken.
- **Steigern Sie das Bewusstsein für die Gegenwart:** Übungen wie Achtsamkeit und Dankbarkeit helfen Ihnen, im gegenwärtigen Moment zu leben und die Tendenz zu verringern, ständig an die Vergangenheit zu denken oder sich Sorgen, um die Zukunft zu machen.
- **Aufbau emotionaler Resilienz:** Diejenigen, die die Prinzipien der positiven Psychologie anwenden, entwickeln eine größere Fähigkeit, mit Stress umzugehen und mit Schwierigkeiten mit einer ausgeglicheneren Einstellung umzugehen.

Die Hauptsäulen der Positiven Psychologie
Die Positive Psychologie basiert auf einigen Grundprinzipien, die helfen, eine gesündere und konstruktivere Denkweise zu entwickeln. Diese Säulen sind mächtige Werkzeuge, um dem Überdenken entgegenzuwirken und die Lebensqualität zu verbessern.

Dankbarkeit

Es hilft, den Fokus von dem, was fehlt, auf das zu verlagern, was bereits im Leben vorhanden ist.

Es reduziert Angstzustände und verbessert das psychische Wohlbefinden.
Es kann durch ein Dankbarkeitstagebuch praktiziert werden oder indem man sich einfach ein paar Minuten am Tag nimmt, um darüber nachzudenken, was man schätzt.

Realistischer Optimismus

- Es bedeutet nicht, Probleme zu ignorieren, sondern sie mit einem Growth Mindset zu interpretieren.
- Es reduziert die Angst vor dem Scheitern und hilft, Schwierigkeiten als Lernchancen zu sehen.
- Es fördert das Vertrauen in sich selbst und die eigenen Fähigkeiten.

Achtsamkeit und Achtsamkeit

- Es hilft, den Fluss obsessiver Gedanken zu unterbrechen, indem es die Aufmerksamkeit wieder auf die Gegenwart lenkt.
- Es reduziert die Tendenz, über vergangene Ereignisse nachzudenken oder sich Sorgen über die Zukunft zu machen.

Es kann durch Meditation, achtsames Atmen oder einfache Momente konzentrierter Aufmerksamkeit im Laufe des Tages praktiziert werden.

Resilienz und Anpassungsfähigkeit

- Es ermöglicht Ihnen, Schwierigkeiten mit größerer Ausgeglichenheit zu begegnen, ohne von Ängsten überwältigt zu werden.
- Es hilft, eine flexible Denkweise zu entwickeln, die offen für Veränderungen ist.
- Es erhöht die Fähigkeit, sich nach einem Misserfolg oder einer Enttäuschung schnell zu erholen.

Selbstmitgefühl und Selbstfreundlichkeit

- Es reduziert übermäßige Selbstkritik, die eine der Hauptursachen für übermäßiges Nachdenken ist.
- Es hilft, sich selbst mit mehr Freundlichkeit und Akzeptanz zu behandeln.
- Es fördert eine ausgeglichenere Sicht auf sich selbst und seine Fähigkeiten.

Positive soziale Verbindungen

- Gesunde und unterstützende Beziehungen sind entscheidend für das psychische Wohlbefinden.
- Mit vertrauenswürdigen Menschen zu sprechen, hilft, die Belastung durch Zwangsgedanken zu reduzieren.
- Ein Unterstützungsnetzwerk stärkt die Resilienz und die Fähigkeit, mit Stress umzugehen.

Wie man positive Psychologie im täglichen Leben anwendet

Um Ihr Denken zu transformieren und das Überdenken zu reduzieren, müssen Sie die Prinzipien der positiven Psychologie in Ihren Alltag integrieren. Einige einfache Möglichkeiten, dies zu tun, sind:

- Führen Sie ein Dankbarkeitstagebuch und schreiben Sie jeden Abend drei positive Dinge über den Tag auf.
- Üben Sie Achtsamkeit, indem Sie sich ein paar Minuten am Tag dem tiefen Atmen oder der Meditation widmen.
- Vermeiden Sie es, sich zu sehr mit Fehlern zu beschäftigen, und lernen Sie, sie als Wachstumschancen und nicht als Misserfolge zu sehen.
- Pflegen Sie gesunde Beziehungen und verbringen Sie mehr Zeit mit positiven und unterstützenden Menschen.
- Übe dich in Selbstmitgefühl und lerne, mit Freundlichkeit zu dir selbst zu sprechen, anstatt mit Härte und Verurteilung.

Die Übernahme dieser Gewohnheiten bringt keine unmittelbaren Veränderungen, aber im Laufe der Zeit ermöglicht es Ihnen, eine ausgewogenere Denkweise zu entwickeln und den Kreislauf des Überdenkens zu durchbrechen. Das Gehirn kann trainiert werden, genau wie ein Muskel, und die positive Psychologie bietet die Werkzeuge, um dies auf die effektivste Weise zu tun.

3.2 – Wie die Positive Psychologie das Gehirn und das Denken verändert

Positive Psychologie ist nicht nur ein abstraktes Konzept, das mit Motivation oder optimistischem Denken zusammenhängt, sondern basiert auf neurowissenschaftlichen Forschungen, die zeigen, wie das Gehirn umprogrammiert werden kann, um das psychische Wohlbefinden zu verbessern und übermäßiges Nachdenken zu reduzieren. Das menschliche Gehirn ist sehr anpassungsfähig und besitzt eine außergewöhnliche Eigenschaft, die Neuroplastizität genannt wird, oder die Fähigkeit, neue neuronale Verbindungen zu schaffen und ihre Funktionsweise auf der Grundlage wiederholter Erfahrungen und Gedanken zu verändern. Das bedeutet, dass es möglich ist, dieses mentale Muster durch eine positivere und konstruktivere Denkweise zu ersetzen, so wie sich das Überdenken im Laufe der Zeit etablieren kann.

Die Rolle der Neuroplastizität beim Nachdenken über Veränderungen

Für viele Menschen, die unter übermäßigem Nachdenken leiden, scheint der Kreislauf der sich wiederholenden Gedanken außer Kontrolle zu geraten. Die Wissenschaft hat jedoch gezeigt, dass wir jedes Mal, wenn wir über etwas nachdenken, die neuronalen Verbindungen stärken, die mit diesem Gedanken verbunden sind. Dieses Prinzip kann ein zweischneidiges Schwert sein: Wenn wir uns weiterhin auf Probleme, Ängste und Unsicherheiten konzentrieren, gewöhnt sich das Gehirn immer mehr daran, negative Gedanken zu erzeugen. Aber wenn wir den Geist trainieren, sich auf positive, konstruktive Aspekte und Lösungen zu konzentrieren, schaffen wir neue Verbindungen, die uns helfen, eine gelassenere und widerstandsfähigere Haltung zu entwickeln.

Wiederholte Gedanken verstärken bestimmte neuronale Bahnen: Je mehr ein Gedanke wiederholt wird, desto automatischer wird er. Dies erklärt, warum überdenkende Betroffene Schwierigkeiten haben, den Fluss negativer Gedanken zu stoppen.

Das Schaffen neuer neuronaler Verbindungen ist möglich: Die Praxis von Dankbarkeit, Achtsamkeit und positiver Umgestaltung von Gedanken hilft, neue neuronale Bahnen aufzubauen, die das psychische Wohlbefinden fördern.

Die Gehirnaktivität kann bewusst verändert werden: Indem Sie sich bewusst auf positive und produktive Gedanken konzentrieren, können Sie die Funktion des Gehirns direkt beeinflussen.

Die Bedeutung von Aufmerksamkeit und Fokus

Einer der wichtigsten Grundsätze der positiven Psychologie ist, dass der Verstand dazu neigt, das, worauf wir uns konzentrieren, wahrzunehmen und ihm mehr Bedeutung beizumessen. Dieses Phänomen ist als Aufmerksamkeitsverzerrung bekannt, weshalb ängstliche und überdenkende Menschen eher negative Aspekte von Situationen bemerken, während sie positive ignorieren.

Wenn eine Person zum Beispiel Angst hat, bei einer Stellenpräsentation zu versagen, konzentriert sich ihr Gehirn auf jedes kleine Anzeichen von

Unsicherheit oder möglichem Fehler, während sie ihre Stärken und das positive Feedback, das sie in der Vergangenheit erhalten haben, ignoriert. Dieser Mechanismus verstärkt das übermäßige Nachdenken und schürt Angstzustände.

Die Positive Psychologie lehrt Sie, den Fokus der Aufmerksamkeit bewusst auf nützlichere und konstruktivere Aspekte zu verlagern. Einige Übungen, um diese Fähigkeit zu verbessern, sind:

1.   Üben Sie jeden Tag Dankbarkeit und konzentrieren Sie sich auf mindestens drei positive Aspekte Ihres Lebens.

2.   Vermeiden Sie es, sich mit Fehlern aufzuhalten, und lernen Sie, Ihre Erfolge und Fortschritte zu bemerken.

Training des Gehirns zur Achtsamkeit durch Meditation oder tiefes Atmen, um die Aufmerksamkeit wieder auf die Gegenwart zu lenken, anstatt auf zukünftige Sorgen oder vergangenes Bedauern.

Kognitives Reframing: Die Art und Weise, wie Sie die Realität interpretieren

Eines der mächtigsten Werkzeuge in der positiven Psychologie, um übermäßiges Denken zu reduzieren, ist das kognitive Reframing oder die Fähigkeit, eine Situation ausgewogener und konstruktiver neu zu interpretieren. Diejenigen, die unter übermäßigem Nachdenken leiden, neigen oft dazu, die negativen Folgen eines Ereignisses zu übertreiben und es als schwerwiegender oder bedrohlicher anzusehen, als es tatsächlich ist.

Beispiel für negatives Denken, das für übermäßiges Denken typisch ist:

"Wenn ich während des Meetings etwas Falsches sage, werden sie denken, dass ich nicht kompetent bin, und ich werde meinen Ruf ruinieren."

Derselbe Gedanke positiv formuliert:

"Selbst wenn ich einen Fehler mache, ist es unwahrscheinlich, dass die Leute darüber nachdenken. Jeder macht Fehler und ich kann meine Kompetenz auch im weiteren Verlauf des Meetings unter Beweis stellen."

Diese Reframing-Übung hilft Ihnen, Ihre Bedenken zu skalieren und eine flexiblere Denkweise zu entwickeln. Mit der Zeit verringert das konsequente Üben dieser Technik die Neigung zum Grübeln und macht den Geist widerstandsfähiger gegenüber Stresssituationen.

Der Einfluss positiver Emotionen auf das Gehirn
Positive Emotionen verbessern nicht nur die Stimmung, sondern haben auch einen messbaren biologischen Einfluss auf das Gehirn. Die Positive Psychologie hat gezeigt, dass Erfahrungen von Freude, Dankbarkeit, Liebe und Zufriedenheit die Produktion von Neurotransmittern erhöhen, wie zum Beispiel:
1.   Serotonin, das Ruhe und Wohlbefinden fördert.
2.   Dopamin, das die Motivation und das Vergnügen stimuliert.
3.   Oxytocin, das die sozialen Bindungen stärkt und Stress abbaut.
Diese Chemikalien helfen, den negativen Auswirkungen von Angst und übermäßigem Nachdenken entgegenzuwirken, Ihre Lebensqualität und Ihre Fähigkeit zu verbessern, mit Schwierigkeiten mit einer positiveren Einstellung umzugehen.

Schaffung einer positiven Psychologie-Routine, um dem Überdenken entgegenzuwirken
Um dauerhafte Ergebnisse zu erzielen, muss die positive Psychologie Teil des täglichen Lebens werden. Einige praktische Möglichkeiten, es anzuwenden, sind:

1.   **Beginnen Sie den Tag mit einem positiven Gedanken:** Wenn Sie aufwachen, wählen Sie bewusst einen Aspekt des Tages aus, auf den Sie sich konstruktiv konzentrieren möchten.
2.   **Verwenden Sie positive Affirmationen: Wiederholen Sie** Sätze, die das Selbstvertrauen und das Gefühl der Sicherheit stärken.
3.   **Führen Sie ein Dankbarkeitstagebuch:** Schreiben Sie jeden Tag mindestens drei Dinge auf, für die Sie dankbar sind.
4.   **Üben Sie Achtsamkeit:** Verbringen Sie ein paar Minuten am Tag mit Achtsamkeitsübungen, um den Fluss von Zwangsgedanken zu reduzieren.
Suchen Sie aktiv nach Erfahrungen, die positive Emotionen hervorrufen, z. B. Zeit mit Ihren Lieben zu verbringen, kreative Aktivitäten durchzuführen oder persönlichen Leidenschaften nachzugehen.
Im Laufe der Zeit helfen diese Übungen, neue neuronale Verbindungen zu schaffen, die ein gelasseneres und konstruktiveres Denken fördern.

Das Gehirn lernt, sich auf das Nützliche und Positive zu konzentrieren, weniger zu viel nachzudenken und die Lebensqualität zu verbessern. Positive Psychologie ist nicht nur eine Lebensphilosophie, sondern eine wissenschaftliche Disziplin, die zeigt, wie das Gehirn umprogrammiert werden kann, um übermäßiges Nachdenken zu reduzieren und das psychische Wohlbefinden zu verbessern. Die Anwendung seiner Prinzipien trägt dazu bei, eine ausgewogenere, widerstandsfähigere und wachstumsorientiertere Denkweise zu entwickeln. Durch Neuroplastizität, Aufmerksamkeitsfokus und kognitives Reframing ist es möglich, den Kreislauf des obsessiven Denkens zu durchbrechen und ein gelasseneres und befriedigenderes Leben aufzubauen. Mit Engagement und Ausdauer kann jeder seine Denk- und Lebensweise mit mehr Leichtigkeit und Zuversicht verändern.

3.3 – Entwicklung einer belastbaren Denkweise, um den Teufelskreis des Überdenkens zu durchbrochenen

Übermäßiges Nachdenken ist nicht nur eine Frage des Überdenkens, sondern es ist oft mit einem Mangel an psychischer Widerstandsfähigkeit verbunden. Resilienz ist die Fähigkeit, mit Schwierigkeiten umzugehen, Stress zu bewältigen und sich an Herausforderungen anzupassen, ohne von negativen Gedanken überwältigt zu werden. Diejenigen, die mental belastbar sind, haben eine größere Fähigkeit, mit Situationen mit Klarheit umzugehen, ohne in einer Schleife von Zweifeln und Unsicherheiten stecken zu bleiben. Die gute Nachricht ist, dass Resilienz keine angeborene Gabe ist, sondern durch gezielte Strategien entwickelt werden kann, die die Positive Psychologie untersucht und validiert hat.

Warum Resilienz unerlässlich ist, um übermäßiges Denken zu reduzieren

Menschen, die unter übermäßigem Nachdenken leiden, neigen dazu, jedes Problem als Bedrohung zu sehen, anstatt als Herausforderung, die es zu überwinden gilt. Dies führt dazu, dass sie über jedes Detail nachdenken, um eine perfekte Lösung zu finden oder jedes Risiko zu vermeiden. Das Leben ist jedoch unvorhersehbar, und es ist unmöglich, jede Variable zu kontrollieren. Resilienz hilft dabei, die Perspektive zu wechseln, und ermöglicht es Ihnen, Unsicherheiten mit mehr Zuversicht und Flexibilität zu begegnen.

Diejenigen, die eine resiliente Denkweise entwickeln, sind in der Lage:

- Mit Problemen umgehen, ohne von ihnen überwältigt zu werden
- Ungewissheit akzeptieren, ohne sich gelähmt zu fühlen
- Hören Sie auf, über Fehler nachzudenken und lernen Sie aus ihnen
- Auch in schwierigen Situationen die Ruhe bewahren
- Schnelle Genesung nach einer Enttäuschung oder einem Misserfolg

Das bedeutet, dass resiliente Menschen, anstatt in Gedanken stecken zu bleiben, in der Lage sind, zu handeln und Entscheidungen zu treffen, ohne zu viel Zeit mit Überanalysen zu verschwenden.

Die Säulen der mentalen Resilienz

Es gibt mehrere Faktoren, die zum Aufbau einer resilienten Denkweise beitragen. Einige davon können durch tägliche Übungen und Techniken der positiven Psychologie trainiert und entwickelt werden.

1. Akzeptieren Sie, dass Scheitern Teil des Wachstumsprozesses ist

Einer der Aspekte, die das Überdenken am meisten befeuern, ist die Angst, Fehler zu machen. Viele Menschen vermeiden es, Entscheidungen zu treffen, aus Angst, einen Fehler zu machen und die Konsequenzen tragen zu müssen. Dies führt zu einer endlosen Analyse aller verfügbaren Optionen, was den Entscheidungsprozess verlangsamt und den Stress erhöht.

Mentale Resilienz wird entwickelt, indem man akzeptiert, dass Fehler Teil des Lebens sind und dass jede Erfahrung, ob positiv oder negativ, eine Gelegenheit zum Lernen bietet. Keine Wahl ist perfekt und keine Entscheidung garantiert 100% Erfolg, aber jeder Fehler kann eine wertvolle Lektion für die Zukunft sein.

Praktische Strategie: Wann immer Sie Angst haben, einen Fehler zu machen, fragen Sie sich:

- Was ist die schlimmstmögliche Konsequenz und wie wahrscheinlich ist sie wirklich?
- Was kann ich aus dieser Situation lernen, unabhängig vom Ausgang?

- **Wie würde ich mit diesem Problem umgehen, wenn mich ein Freund um Rat fragen würde?**

Diese Fragen helfen, die Angst vor Fehlern zu verringern und Entscheidungen in aller Ruhe zu treffen.

2. Lernen Sie, mit Stress und negativen Emotionen umzugehen

Zu viel Nachdenken ist oft eine automatische Reaktion auf Stresssituationen. Wenn das Gehirn eine Bedrohung wahrnimmt, aktiviert es die "Kampf-oder-Flucht"-Reaktion, die die Herzfrequenz, die Cortisol Produktion und die Angst erhöht. Dieser Zustand der Hyperaktivierung führt zu einer Eskalation der Gedanken, die immer schwieriger zu kontrollieren sind.

Resiliente Menschen wissen, wie sie diesen Kreislauf durchbrechen können, indem sie Techniken anwenden, um Geist und Körper zu beruhigen.

Effektive Strategien zum Stressabbau:

- **Tiefes Atmen:** Langsame, kontrollierte Atemübungen reduzieren sofort Angstzustände.
- **Körperliche Aktivität**: Bewegung hilft, Endorphine freizusetzen, Stress abzubauen und die Stimmung zu verbessern.
- **Entspannungstechniken wie Meditation oder Achtsamkeit:** Achtsamkeit hilft dir, dich von negativen Gedanken zu distanzieren und dich auf die Gegenwart zu konzentrieren.

3. Entwickeln Sie eine flexible Denkweise

Eine der Haupteigenschaften resilienter Menschen ist ihre Fähigkeit, sich an Veränderungen anzupassen, ohne sich zu sehr zu wehren. Zu viel nachdenkende Betroffene neigen dazu, jede Situation vorhersagen und kontrollieren zu wollen, aber die Realität ist, dass viele Dinge im Leben unvorhersehbar sind.

Sich selbst zu trainieren, geistig flexibel zu sein, bedeutet, zu lernen, Situationen so zu akzeptieren, wie sie sind, ohne zu versuchen, die Kontrolle über das zu erzwingen, was nicht von uns abhängt.

Technik der "kognitiven Umstrukturierung":

Wenn du über ein Problem nachdenkst, versuche, es aus einer anderen Perspektive zu sehen.

Fragen Sie sich: **"Gibt es einen anderen Weg, diese Situation zu interpretieren?"**

Anstatt zu denken: **"Alles läuft schief"**, versuchen Sie zu sagen: **"Das ist eine Herausforderung, aber ich kann eine Lösung finden."**

4. Kultivieren Sie soziale Unterstützung

Resiliente Menschen stehen nicht allein durch alles. Gespräche mit Freunden, Familie oder Mentoren helfen, weniger zu viel nachzudenken und verschiedene Perspektiven auf Situationen zu gewinnen. Oft, wenn du in deinen eigenen Gedanken gefangen bist, verlierst du die Fähigkeit, die Dinge objektiv zu sehen.

Ein Unterstützungsnetzwerk aufzubauen bedeutet, vertrauenswürdige Menschen zu haben, mit denen man Sorgen teilen und in schwierigen Zeiten Ermutigung erhalten kann. Soziale Interaktion hilft, Emotionen auszugleichen und den Kreislauf des Überdenkens zu durchbrechen.

5. Konzentrieren Sie sich auf die Gegenwart und hören Sie auf, die Vergangenheit oder Zukunft zu analysieren

Diejenigen, die unter übermäßigem Nachdenken leiden, verbringen viel Zeit damit, vergangene Ereignisse noch einmal zu durchleben oder sich Sorgen um die Zukunft zu machen. Dies führt zu einem Verlust der mentalen Energie und einem Zustand ständiger Angst.

Die psychische Widerstandsfähigkeit wird gestärkt, indem man lernt, sich auf den gegenwärtigen Moment zu konzentrieren. Das bedeutet nicht, Probleme zu ignorieren, sondern ihnen mit größerer Klarheit zu begegnen, ohne von obsessiven Gedanken überwältigt zu werden.

Praktische Übung zur Bewusstwerdung der Gegenwart:

- Wenn du merkst, dass du in Gedanken gefangen bist, halte inne und konzentriere dich auf das, was in diesem Moment passiert.
- Beobachte die Details um dich herum, wie Geräusche, Farben und Gerüche.
- Fragen Sie sich: **"Ist dieser Gedanke hilfreich? Hilft es mir gerade?"** Wenn die Antwort nein ist, lassen Sie es sein.

6. Bauen Sie Selbstvertrauen auf

Resilienz und Überdenken sind umgekehrt proportional: Je selbstbewusster eine Person ist, desto weniger muss sie jedes Detail analysieren, bevor sie handelt. Um mehr Selbstvertrauen aufzubauen, ist es hilfreich, auch kleine Erfolge zu feiern und Ihre Fortschritte anzuerkennen.

Praktische Strategie:

- Schreibe jeden Tag drei Dinge auf, die du gut gemacht hast, auch die einfachsten.
- Lesen Sie diese Hinweise in Zeiten der Unsicherheit noch einmal, um Vertrauen in Ihre Fähigkeiten aufzubauen.

Die Entwicklung einer belastbaren Denkweise ist der Schlüssel, um den Kreislauf des Überdenkens zu durchbrechen. Scheitern zu akzeptieren, Stress zu bewältigen, sich an Veränderungen anzupassen und sich auf die Gegenwart zu konzentrieren, sind Fähigkeiten, die konsequent trainiert werden können. Resilienz beseitigt Schwierigkeiten nicht, aber sie ermöglicht es Ihnen, ihnen mit größerer Zuversicht zu begegnen und ohne von obsessiven Gedanken überwältigt zu werden. Mit der Zeit wird ein widerstandsfähiger Geist stärker, flexibler und weniger anfällig dafür, sich in Unsicherheiten und Zweifeln zu verfangen.

Kapitel: 4 – Meisterschaft des Geistes: Wie du aufhörst, ein Sklave deiner Gedanken zu sein

Der Verstand ist ein mächtiges Werkzeug, das in der Lage ist, außergewöhnliche Möglichkeiten zu schaffen, aber auch Leiden zu erzeugen. Diejenigen, die unter Überdenken leiden, leben mit dem ständigen Gefühl, in ihren Gedanken gefangen zu sein, als ob der Verstand den Willen und die Fähigkeit übernommen hätte, mit Gelassenheit zu handeln. Die Realität ist jedoch, dass der Geist keine unabhängige und unkontrollierbare Entität ist, sondern trainiert und angeleitet werden kann, um effektiver zu funktionieren. Zu wissen, wie man seine Gedanken kontrolliert, bedeutet, sich von Angst und Unsicherheit zu befreien und mehr Ausgeglichenheit und innere Gelassenheit zu erlangen.

Die meisten Menschen wachsen auf, ohne eine Ausbildung darüber zu erhalten, wie sie mit ihrem Geist umgehen sollen. Du lernst lesen, schreiben, mathematische Probleme lösen, aber nicht, Gedanken zu kontrollieren oder Emotionen zu steuern. Das hat zur Folge, dass viele Menschen von ihrer geistigen Aktivität dominiert werden, ohne zu erkennen, dass es möglich ist, ihre kognitiven Prozesse aktiv zu kontrollieren. Übermäßiges Nachdenken ist das Ergebnis eines Geistes, der nie gelernt hat, diszipliniert zu sein. Je mehr Raum für sich wiederholende und negative Gedanken gelassen wird, desto automatischer und aufdringlicher werden sie. Der erste Schritt, um die Kontrolle über deinen Geist wiederzuerlangen, besteht darin, zu erkennen, dass Gedanken keine Fakten sind, sondern einfache Interpretationen der Realität.

Wenn der Verstand einen Gedanken produziert, hat er nicht unbedingt einen objektiven Wert. Es ist nur eine innere Konstruktion, die auf vergangenen Erfahrungen, Emotionen und persönlichen Überzeugungen basiert. Das Problem des Überdenkens entsteht gerade aus dem Irrtum, jeden Gedanken als absolute Wahrheit zu betrachten. Wenn eine Person denkt, dass sie nicht gut genug ist, um mit einer Situation umzugehen, bedeutet das nicht, dass dies wahr ist, sondern das Gehirn akzeptiert es als solches und handelt entsprechend. Je mehr du diesen Gedanken Glauben schenkst, desto tiefer verankern sie sich im Geist und verstärken den Kreislauf von Unsicherheit und Angst.

Ein weiterer häufiger Irrtum ist der Glaube, dass Denken ein wirksames Mittel zur Lösung von Problemen ist. Übermäßiges Nachdenken nährt diese Illusion: Der Verstand überarbeitet weiterhin dieselben Konzepte, in der Hoffnung, eine perfekte Lösung zu finden oder jedes mögliche Szenario vorherzusagen. In der Realität führt obsessives Denken fast nie zu besseren Entscheidungen. Tatsächlich hat es oft den gegenteiligen Effekt und erhöht die Verwirrung und die Angst vor dem Handeln. Je mehr man über ein Problem nachdenkt, ohne eine konkrete Entscheidung zu treffen, desto mehr wird das Gefühl der Unsicherheit und mentalen Lähmung verstärkt.

Die Beherrschung des Geistes wird durch die Fähigkeit erreicht, seine Gedanken zu beobachten, ohne sich mit ihnen zu identifizieren. Anstatt deinen Gedanken die Kontrolle zu überlassen, kannst du ein neues Bewusstsein entwickeln, indem du lernst, zu erkennen, wann dein Verstand in eine Überdenkschleife gerät, und dich aktiv dafür entscheidest, sie zu durchbrechen. Dieser Prozess geschieht nicht automatisch, sondern erfordert Übung und Ausdauer.

Ein grundlegender Aspekt des Mund Managements ist die Fähigkeit, die Aufmerksamkeit zu lenken. Aufmerksamkeit ist wie ein Leuchtturm: Worauf du dich konzentrierst, wird größer und relevanter in deiner Wahrnehmung der Realität. Wenn der Verstand daran gewöhnt ist, sich auf Probleme, Ängste und Zweifel zu konzentrieren, erhalten diese Elemente eine unverhältnismäßige Bedeutung, auch wenn sie objektiv nicht so relevant sind. Aufmerksamkeit zu trainieren bedeutet, bewusst wählen zu lernen, worauf man seinen Fokus richtet, und ihn von negativen und nutzlosen Gedanken auf konstruktivere und produktivere Gedanken zu verlagern.

Ein weiteres Schlüsselelement der mentalen Meisterschaft ist die Fähigkeit, Raum zwischen sich und seinen Gedanken zu schaffen. Wenn ein negativer oder sich wiederholender Gedanke auftaucht, kannst du, anstatt automatisch zu reagieren und ihm zu folgen, innehalten und dich fragen, ob dieser Gedanke hilfreich ist oder ob er nur zu viel Nachdenken anheizt. Diese Distanz ermöglicht es Ihnen, mehr Kontrolle über Ihre Reaktionen zu haben und sich nicht von Angst oder Unsicherheit mitreißen zu lassen.

Eines der größten Hindernisse bei der Gedankenkontrolle ist der Widerstand gegen Veränderungen. Viele Menschen haben sich so sehr an ihre mentalen Muster gewöhnt, dass sie sich eine andere Denkweise nicht vorstellen können. Selbst wenn du erkennst, dass übermäßiges

Nachdenken schädlich ist, fällt es dir oft schwer, es loszulassen, weil du die Illusion hast, dass es notwendig ist, dich selbst zu schützen oder bessere Entscheidungen zu treffen. In Wirklichkeit tritt eine wirkliche Veränderung ein, wenn wir akzeptieren, dass nicht alles durch das Denken gesteuert werden kann und dass es oft gerade das Übermaß an Analyse ist, das uns daran hindert, die Lösungen klar zu sehen.

Der menschliche Geist ist beeinflussbar und formbar. Jeder Tag, jede Erfahrung und jeder Gedanke tragen dazu bei, seine Struktur zu formen. Das bedeutet, dass es mit dem richtigen Training möglich ist, die eigene Denkweise und Wahrnehmung der Realität zu transformieren. Um dies zu erreichen, ist es notwendig, sich ständig darum zu bemühen, die eigenen Gedanken zu beobachten und neu zu strukturieren, indem man negative und sich wiederholende durch ausgewogenere und produktivere Denkweisen ersetzt.

Die Beherrschung des Geistes zu entwickeln, bedeutet auch, zu lernen, mit dem inneren Dialog umzugehen. Die meisten Menschen haben eine innere Stimme, die jede Situation kommentiert, beurteilt und analysiert. Bei denen, die unter übermäßigem Nachdenken leiden, neigt diese Stimme dazu, kritisch und negativ zu sein, was Unsicherheit und Selbstsabotage verstärkt. Das Selbstgespräch zu ändern, bedeutet nicht, Probleme zu ignorieren, sondern eine konstruktivere Haltung sich selbst gegenüber einzunehmen. Anstatt dir ständig zu sagen, dass du nicht gut genug bist oder dass du einen Fehler gemacht hast, kannst du anfangen, eine positivere und ermutigender mentale Sprache zu verwenden.

Die Kontrolle über den Geist wird nicht an einem Tag erreicht, sondern durch ständige Übung. Je mehr du lernst, deine Gedanken zu erkennen und zu steuern, desto einfacher wird es, dich vom übermäßigen Nachdenken zu befreien und eine gelassenere und effektivere geistige Haltung zu entwickeln. Der Verstand ist ein mächtiges Werkzeug, aber nur, wenn wir lernen, ihn auf die richtige Weise zu nutzen. Wenn Sie in der Lage sind, Ihre Gedanken zu lenken, können Sie ausgeglichener leben, Stress abbauen und Ihre Lebensqualität verbessern.

4.1 – Die Kraft der Beobachtung: Gedanken erkennen, ohne Sklave des Verstandes zu sein

Einer der grundlegenden Schlüssel, um den Kreislauf des Überdenkens zu durchbrechen, besteht darin, die Fähigkeit zu entwickeln, seine Gedanken zu beobachten, ohne sich von ihnen mitreißen zu lassen. Viele Menschen leben in dem Glauben, dass Gedanken eine absolute Realität sind, die sie kontinuierlich verfolgen und analysieren müssen. Denken ist jedoch nur ein mentaler Prozess, eine Ansammlung von elektrischen Impulsen im Gehirn, und es repräsentiert nicht unbedingt die Wahrheit. Der Verstand produziert jeden Tag unzählige Gedanken, aber nur diejenigen, auf die wir uns konzentrieren, gewinnen an Kraft.

Überdenkende Betroffene neigen dazu, sich vollständig mit ihren Gedanken zu identifizieren, als ob jede Idee, die ihnen durch den Kopf schießt, eine unwiderlegbare Tatsache wäre. Wenn ein negativer Gedanke auftaucht, wie z.B. "Ich bin nicht gut genug", akzeptiert die Person ihn automatisch, ohne ihn zu hinterfragen, und verstärkt so ein Gefühl der Unsicherheit. In Wirklichkeit sind Gedanken keine Fakten, sondern einfache Interpretationen der Realität. Zu lernen, deine Gedanken zu beobachten, ohne von ihnen dominiert zu werden, ist der erste Schritt, um dich vom Überdenken zu befreien und eine größere Kontrolle über deinen Verstand zu entwickeln.

Das Beobachten von Gedanken bedeutet, ein Bewusstsein zu entwickeln, das es dir ermöglicht, zu erkennen, wann der Verstand nutzlose oder schädliche Gedanken erzeugt, ohne dich von ihnen mitreißen zu lassen. Dieses Konzept, das als kognitive Distanz bekannt ist, ist eine der wirksamsten Strategien zur Reduzierung von Ängsten und psychischem Stress. Wenn du anfängst, achtsame Beobachtung zu üben, wirst du in der Lage sein, deine Gedanken als Wolken am Himmel zu sehen: Sie können hindurchgehen, aber sie müssen nicht unbedingt deinen emotionalen Zustand oder deine Handlungen beeinflussen.

Eines der effektivsten Werkzeuge zur Entwicklung dieser Fähigkeit ist die Technik der Metakognition oder die Fähigkeit, seine Gedanken objektiv zu beobachten. Anstatt dich automatisch von einem Gedanken mitreißen zu lassen, kannst du lernen, ihn zu erkennen und seine Gültigkeit zu bewerten. Dieser Prozess beginnt mit drei grundlegenden Fragen:

- **Ist dieser Gedanke nützlich?** Wenn Denken nicht hilft, ein Problem zu lösen oder eine Situation zu verbessern, ist es wahrscheinlich nur eine mentale Ablenkung.

- **Basiert dieses Denken auf realen Fakten oder ist es nur eine persönliche Interpretation?** Übermäßiges Nachdenken wird oft durch irrationale Annahmen und Ängste befeuert, die keine konkrete Grundlage haben.

- **Ist dieser Gedanke dauerhaft oder vorübergehend?** Viele negative Gedanken scheinen absolut und endgültig zu sein, aber in Wirklichkeit sind sie vergänglich und oft mit einer vorübergehenden Emotion verbunden.

Wenn du anfängst, deine Gedanken zu hinterfragen, wirst du feststellen, dass viele von ihnen keinen wirklichen Nutzen haben und ohne Konsequenzen losgelassen werden können. Das bedeutet nicht, die Realität völlig zu ignorieren oder die Auseinandersetzung mit echten Problemen zu vermeiden, sondern zu lernen, zwischen konstruktiven Gedanken und unnötig sich wiederholenden Gedanken zu unterscheiden.

Eine weitere wirksame Strategie ist die Technik des "beobachtenden Geistes", ein Konzept, das häufig in der Achtsamkeits- und kognitiven Verhaltenstherapie verwendet wird. Diese Methode besteht darin, die Rolle eines neutralen Beobachters des eigenen Geistes einzunehmen, als ob man einen Film anschaut, ohne direkt daran beteiligt zu sein. Wenn ein Gedanke auftaucht, kannst du ihn nicht automatisch reagieren, sondern ihn einfach erkennen und vorbeiziehen lassen. Dies hilft, die emotionale Intensität, die mit negativen Gedanken verbunden ist, zu reduzieren und mehr Kontrolle über die eigenen mentalen Reaktionen zu entwickeln.

Ein häufiger Fehler, der zum Überdenken anregt, ist der Versuch, negative Gedanken zu unterdrücken. Viele Menschen versuchen, unerwünschte Gedanken loszuwerden, indem sie versuchen, sie mit Gewalt zu beseitigen, aber das hat oft den gegenteiligen Effekt. Je mehr du versuchst, einen Gedanken zu vermeiden, desto mehr neigt er dazu, mit größerer Intensität wiederzukehren. Dieses Phänomen wurde in der Psychologie untersucht und ist als Gedanken-Bounce-Effekt bekannt: Wenn Sie versuchen, einen Gedanken zu unterdrücken, registriert das Gehirn ihn als wichtig und rückt ihn noch häufiger wieder in den Vordergrund.

Die Lösung besteht daher nicht darin, negative Gedanken zu beseitigen, sondern zu lernen, sie anders zu handhaben. Ihre Anwesenheit zu akzeptieren, ohne emotional zu reagieren, reduziert ihren Einfluss und ermöglicht es dem Verstand, sie leichter loszulassen. Dies kann durch Achtsamkeitsübungen geschehen, wie z.B. die Leere-Stuhl-Technik, bei der du dir vorstellst, neben deinen Gedanken zu sitzen und sie ohne Urteil zu beobachten.

Eine weitere effektive Methode besteht darin, Ihre Gedanken zu benennen, was bedeutet, dass Sie Ihre Gedanken kategorisieren, um ihre emotionale Wirkung zu reduzieren. Wenn ein Gedanke der Unsicherheit auftaucht, kann man ihn als "Gedanken der Angst" oder "Gedanke des Zweifels" bezeichnen, anstatt ihn automatisch als Wahrheit zu akzeptieren. Dies trägt dazu bei, eine Distanz zwischen der eigenen Identität und den Gedanken zu schaffen und ihre Fähigkeit, Emotionen und Entscheidungen zu beeinflussen, zu verringern.

Auch die Fähigkeit, seine Gedanken zu beobachten, ohne sich einzumischen, ist eng mit der Fähigkeit verbunden, mit Stress umzugehen. Viele Menschen, die unter übermäßigem Nachdenken leiden, reagieren automatisch auf eine Hyperanalyse, wenn sie mit Straßfeld Situation. Anstatt zu akzeptieren, dass einige Dinge außerhalb seiner Kontrolle liegen, versucht der Verstand, für jedes Problem eine perfekte Lösung zu finden, wodurch ein Gefühl des ständigen Drucks entsteht. Das Training des Geistes zur bewussten Beobachtung hilft, eine größere Toleranz gegenüber Ungewissheit zu entwickeln und das Bedürfnis zu verringern, alles unter Kontrolle zu haben.

Der Prozess des Erlangens geistiger Meisterschaft erfordert Zeit und Übung, aber er führt zu signifikanten Veränderungen in der Lebensqualität. Wenn du lernst, Gedanken distanziert zu beobachten, reduzierst du Ängste und entwickelst eine größere geistige Klarheit. Der Verstand hört auf, ein Feind zu sein, und wird zu einem mächtigen Werkzeug, um den Herausforderungen des Lebens mit größerer Gelassenheit und Sicherheit zu begegnen.

Zu lernen, deine Identität von deinen Gedanken zu trennen, ist eine der transformativsten Fähigkeiten, die du entwickeln kannst. Es ermöglicht dir, nicht mehr in einem Zustand ständiger innerer Konflikte zu leben und deinen Geist auf eine funktionalere und produktivere Weise zu nutzen. Geistige Freiheit erreicht man nicht, indem man negative Gedanken vollständig eliminiert, sondern indem man lernt, kein Sklave von ihnen zu sein. Diese Veränderung führt zu einem leichteren, ausgeglicheneren Leben voller Möglichkeiten.

4.2 – Übernehmen Sie die Kontrolle: Wie Sie den Kreislauf des Überdenkens durchbrechen

Übermäßiges Nachdenken nährt sich von selbst. Je mehr Raum du für sich wiederholende Gedanken und obsessive Sorgen lässt, desto mehr gewöhnt sich dein Gehirn an diesen Gemütszustand, wodurch es immer schwieriger wird, den Gedankenfluss zu stoppen. Diejenigen, die unter übermäßigem Nachdenken leiden, fühlen sich oft in einem mentalen Strudel gefangen, aus dem es unmöglich scheint, herauszukommen. Mit den richtigen Strategien können Sie diesen Kreislauf jedoch durchbrechen und die Kontrolle über Ihren Geist zurückgewinnen. Der erste Schritt dazu besteht darin, zu verstehen, dass übermäßiges Nachdenken keine unvermeidliche Gewohnheit ist, sondern ein Mechanismus, der mit Bewusstsein und Übung ausgeschaltet werden kann.

Eine der Hauptursachen für übermäßiges Nachdenken ist das Bedürfnis nach absoluter Gewissheit. Das menschliche Gehirn ist darauf programmiert, nach Antworten und Lösungen zu suchen, aber die Realität ist, dass viele Situationen im Leben komplex und unsicher sind. Der Wunsch, jedes Detail zu überprüfen und jedes mögliche Szenario vorherzusagen, führt zu endlosen Analysen, die Angst und Unsicherheit erzeugen. Anstatt die Ungewissheit als Teil des Lebens zu akzeptieren, versuchen diejenigen, die unter Überdenken leiden, sie mit ständigem Nachdenken zu bekämpfen, ohne zu erkennen, dass dieser Prozess nicht zu einer wirklichen Lösung, sondern nur zu mehr Frustration führt.

Die erste Methode, um den Kreislauf des Überdenkens zu durchbrechen, besteht darin, die Fähigkeit zu entwickeln, den Fluss nicht hilfreicher Gedanken freiwillig zu unterbrechen. Dies erfordert einen Perspektivwechsel: Hören Sie auf, zu viel Denken als notwendige Aktivität zu betrachten, und beginnen Sie, es als schädliche Gewohnheit zu erkennen. Wenn der Verstand anfängt, über ein Problem nachzudenken, ist es nützlich, innezuhalten und sich zu fragen, ob der Gedanke, den du in diesem Moment hast, zu einer konkreten Lösung führt oder ob er nur Angst schürt.

Ein häufiger Irrtum ist zu glauben, dass man, um nicht mehr zu viel zu denken, alle Antworten finden muss, bevor man handelt. In Wirklichkeit erfordern viele Entscheidungen keine endlose Analyse, sondern einfach eine Entscheidung, die auf den zu diesem Zeitpunkt verfügbaren Informationen basiert. Zu warten, bis man alle Gewissheit hat, bevor man eine Entscheidung trifft, ist eine mentale Falle, die die Person in einem Zustand der Untätigkeit festhält. Ein wirksames Mittel, diesem Trend entgegenzuwirken, besteht darin, das Prinzip "genug für jetzt" zu übernehmen, das bedeutet, zu akzeptieren, dass eine Entscheidung gut genug sein kann, ohne perfekt sein zu müssen.

Ein weiteres wirksames Werkzeug, um das Überdenken zu stoppen, besteht darin, den Fokus aktiv vom Denken auf das Handeln zu verlagern.

Übermäßiges Nachdenken entsteht, wenn sich der Verstand nur auf Analyse und Vorhersage konzentriert, ohne eine tatsächliche praktische Anwendung. Konkretes Handeln hilft, den Fluss übertriebener Gedanken zu stoppen und den Geist in die Gegenwart zurückzubringen. Selbst einfache Handlungen wie spazieren gehen, Ihre Ideen auf ein Blatt Papier schreiben oder sich an einer kreativen Aktivität beteiligen, können helfen, den Teufelskreis des sich wiederholenden Denkens zu durchbrechen.

Eine der effektivsten Techniken, um zu viel nachzudenken, besteht darin, Zeit für Sorgen einzuplanen. Diejenigen, die unter übermäßigem Nachdenken leiden, lassen oft zu, dass Gedanken zu jeder Tageszeit in den Geist eindringen, was zu einem Zustand ständiger Angst führt. Eine effektive Alternative besteht darin, eine genaue Tageszeit festzulegen, zu der Sie sich Sorgen machen dürfen. Du könntest dich zum Beispiel dafür entscheiden, 15-20 Minuten am Tag damit zu verbringen, über Probleme und Sorgen nachzudenken, und dann deine Gedanken für den Rest des Tages loszulassen. Diese Methode hilft, das Überdenken einzudämmen und seine Auswirkungen auf das tägliche Leben zu reduzieren.

Ein weiterer wichtiger Aspekt, um mit dem Überdenken aufzuhören, ist zu lernen, Dinge loszulassen, die man nicht kontrollieren kann. Viele Menschen verbringen Stunden damit, über Situationen nachzudenken, die sich nicht ändern können, und versuchen, Lösungen für Probleme zu finden, die von externen Faktoren abhängen. Wenn du akzeptierst, dass einige Dinge außerhalb deiner Kontrolle liegen, kannst du mentalen Raum freimachen und dich auf das konzentrieren, was tatsächlich verbessert werden kann.

Der Umgang mit Emotionen ist eng mit dem Abbau von Überdenken verbunden. Oft haben Überdenker Schwierigkeiten, ihre Emotionen zu erkennen und zu akzeptieren, und nutzen das Denken als Vermeidungsstrategie. Anstatt Angst, Traurigkeit oder Besorgnis zu fühlen und zu akzeptieren, versucht der Verstand, alles durch kontinuierliche Analyse zu lösen. Dieser Ansatz beseitigt die Emotion jedoch nicht, sondern stärkt sie, denn der Verstand kreist weiterhin um das Problem, ohne es jemals wirklich anzugehen. Wenn du lernst, bei deinen Emotionen zu bleiben, ohne zu versuchen, sie mit Gedanken zu unterdrücken, kannst du Ängste abbauen und den Kreislauf des Überdenkens durchbrechen.

Die Praxis der Achtsamkeit, auch bekannt als Achtsamkeit, ist eine der effektivsten Techniken, um mit dem Überdenken aufzuhören. Achtsamkeit hilft, die Aufmerksamkeit wieder auf den gegenwärtigen

Moment zu lenken und zu verhindern, dass sich der Geist in sich wiederholenden Gedanken verliert. Eine nützliche Übung ist es, sich auf deine Atmung zu konzentrieren, wenn du bemerkst, dass deine Gedanken zu sehr abschweifen. Das Beobachten deines Atems hilft, eine Pause zwischen den Gedanken zu schaffen und den Fluss der automatischen Gedanken zu unterbrechen.

Positive Visualisierung kann auch ein mächtiges Werkzeug sein, um übermäßiges Nachdenken zu reduzieren. Anstatt sich auf Worst-Case-Szenarien zu konzentrieren, können Sie sich angewöhnen, sich einen positiven Ausgang von Situationen vorzustellen. Dies hilft, die Wahrnehmung der Realität wieder ins Gleichgewicht zu bringen und die Tendenz zu verringern, sich nur auf mögliche Probleme zu konzentrieren. Ein weiterer wesentlicher Aspekt, um die Kontrolle über Ihren Geist wiederzuerlangen, ist die Schaffung einer ausgewogenen mentalen Routine. Der Geist braucht positive Reize und Momente des Innehaltens, um optimal zu funktionieren. Die Reduzierung der Zeit, die in sozialen Medien verbracht wird, die Begrenzung der Exposition gegenüber negativen Nachrichten und mehr Zeit für entspannende und anregende Aktivitäten trägt dazu bei, die Qualität des Denkens zu verbessern und die Tendenz zum Überdenken zu verringern.

Schlaf spielt auch eine entscheidende Rolle bei der Bewältigung von Überdenken. Schlafentzug macht das Gehirn anfälliger für Grübeln und interpretiert Situationen negativ. Die Schaffung einer abendlichen Routine, die die Entspannung fördert, wie z. B. das Lesen eines Buches, das Hören ruhiger Musik oder Atemübungen, hilft, den Fluss der nächtlichen Gedanken zu reduzieren und die Qualität der Ruhe zu verbessern.

Schließlich ist die Entwicklung einer flexibleren Denkweise unerlässlich, um übermäßiges Nachdenken zu reduzieren. Oft haben Menschen, die zu viel nachdenken, eine starre Sicht auf das Leben und die Entscheidungen und glauben, dass es nur eine richtige Antwort auf jedes Problem gibt. Zu akzeptieren, dass das Leben aus Möglichkeiten besteht und dass jede Entscheidung eine Chance zum Wachstum sein kann, hilft, Ängste abzubauen und Entscheidungen mit größerer Gelassenheit zu treffen.

Den Kreislauf des Überdenkens zu durchbrechen, erfordert Übung und Bewusstsein, aber es ist ein erreichbares Ziel für jeden. Zu lernen, seine Gedanken zu beobachten, den Fluss unnötiger Gedanken zu unterbrechen, sich auf konkrete Handlungen zu konzentrieren und eine größere Akzeptanz von Unsicherheit zu entwickeln, sind grundlegende

Strategien, um sich von mentalen Ängsten zu befreien und mit größerer Leichtigkeit und Klarheit zu leben.

4.3 – Praktische Strategien zum Training des Geistes und zur Entwicklung der Gedankenkontrolle

Die Kontrolle über den eigenen Geist wiederzuerlangen ist kein sofortiger Prozess, sondern eine Fähigkeit, die durch ständiges Üben entwickelt wird. Übermäßiges Nachdenken manifestiert sich als automatische geistige Gewohnheit, aber so wie es erlernt wurde, kann es durch funktionalere und gesündere Denkweisen ersetzt werden. Um dies zu erreichen, ist es wichtig, praktische Strategien anzuwenden, die den Geist trainieren, effektiver und bewusster zu funktionieren.

Entwicklung des Gedankenbewusstseins
Der erste Schritt, um den Kreislauf des Überdenkens zu durchbrechen, besteht darin, sich deiner Gedanken bewusst zu werden. Menschen, die unter übermäßigem Nachdenken leiden, erkennen oft nicht, wie viel Zeit sie mit ihren Sorgen verbringen. Zu erkennen, wann der Verstand in eine Überdenkschleife eintritt, ist unerlässlich, um ihn zu stoppen.
Technik der "mentalen **Überwachung**": Notieren Sie sich einige Tage lang die Momente, in denen Sie anfangen, zu viel nachzudenken. Dies hilft, die Auslöser zu identifizieren, die obsessives Denken auslösen.
Übung "Mentale **Pause**": Wenn du merkst, dass du in sich wiederholenden Gedanken gefangen bist, halte inne und atme tief ein, um deine Aufmerksamkeit wieder auf den gegenwärtigen Moment zu richten.
Anwendung der Technik **des "Zeitdenkens"**
Eine der effektivsten Strategien, um zu viel nachzudenken, besteht darin, die Zeit, die Sie mit Sorgen verbringen, zu begrenzen. Anstatt deine Gedanken jederzeit in deinen Kopf eindringen zu lassen, kannst du dir eine bestimmte Tageszeit zuweisen, um über Probleme und Entscheidungen nachzudenken.
Erstellen Sie ein **"Sorgenfenster"**: Legen Sie eine Tageszeit fest, z. B. 15 Minuten am Nachmittag, zu der Sie über Probleme nachdenken dürfen. Wenn zu anderen Zeiten ein aufdringlicher Gedanke auftauchen, wird er auf das vorher festgelegte Fenster verschoben.
Schreiben Sie Ihre Sorgen auf ein Blatt Papier: Anstatt Ihre Gedanken in Ihrem Kopf ansammeln zu lassen, hilft das Aufschreiben, Ihre Ideen zu ordnen und ihre emotionale Intensität zu reduzieren.

Loslösung von negativen Gedanken trainieren

Ein häufiger Irrtum ist zu glauben, dass alle Gedanken gleich wichtig sind. In Wirklichkeit sind viele Gedanken irrelevant oder verzerrt und verdienen es nicht, analysiert zu werden. Die Fähigkeit zu entwickeln, nicht hilfreiche Gedanken loszulassen, ist eine der mächtigsten Fähigkeiten, um übermäßiges Nachdenken zu reduzieren.

"Mentale Wolke"-Technik: Gedanken als Wolken am Himmel vorstellen, die vorbeiziehen und sich auflösen, ohne dass man sie festhalten oder analysieren muss.

Verwende Humor: Wenn du einen übermäßig negativen oder irrationalen Gedanken erkennst, gib ihm einen lustigen Namen oder stelle dir vor, wie du ihn mit einer komödiantischen Stimme herunterschraubst. Dies hilft, die emotionalen Auswirkungen zu reduzieren.

Das Prinzip "Handeln statt Denken"

Einer der Gründe, warum übermäßiges Nachdenken zu einem Problem wird, ist, dass es die Person in einem Zustand der Untätigkeit hält. Das Gehirn analysiert, bewertet, grübelt, aber es handelt nicht. Das verstärkt das Gefühl der Unsicherheit und macht das Problem noch größer, als es eigentlich ist.

1. **Sofortmaßnahmen:** Wenn Sie über eine Entscheidung nachdenken, machen Sie einen kleinen, konkreten Schritt in Richtung Lösung, anstatt weiter darüber nachzudenken. Selbst eine einfache Handlung kann die mentale Schleife durchbrechen.

2. **Wenden Sie die 5-Sekunden-Regel an:** Wenn Sie zu viel über etwas nachdenken, zählen Sie mental bis 5 und ergreifen Sie dann eine konkrete Handlung, um den Gedankenkreislauf zu durchbrechen.

Neuprogrammierung des inneren Dialogs

Übermäßiges Nachdenken wird oft durch negative und kritische Selbstgespräche angeheizt. Viele Menschen sprechen mit sich selbst auf eine Weise, die sie niemals mit einem Freund verwenden würden. Die Art und Weise, wie du dich selbst ansprichst, kann einen erheblichen Einfluss darauf haben, wie du mit deinen Gedanken umgehst.

1. Ersetze einschränkende Gedanken durch ermächtigende Affirmationen: Anstatt zu sagen: **"Ich bin nicht gut genug dafür"**, versuche es mit **"Ich kann lernen und mich mit Erfahrung verbessern"**.

2.   Wenden Sie die Technik der **"dritten Person" an: Anstatt zu sagen "Ich weiß nicht, was ich tun soll",** versuchen Sie, es in der dritten Person zu sagen, als ob Sie über einen Freund sprechen würden. Dies hilft, eine objektivere Perspektive zu bekommen.

Stärkung des Kontakts mit der Gegenwart

Übermäßiges Nachdenken hängt oft mit Gedanken über die Vergangenheit oder die Zukunft zusammen. Wer zu viel nachdenkt, neigt dazu, immer wieder vergangene Ereignisse zu durchleben oder sich Sorgen darüber zu machen, was passieren könnte. Zu lernen, die Aufmerksamkeit wieder auf den gegenwärtigen Moment zu lenken, hilft, den Fluss sich wiederholender Gedanken zu unterbrechen.

"Sensory Scanning"-Übung: Halten Sie für ein paar Minuten inne und konzentrieren Sie sich auf das, was Sie im gegenwärtigen Moment sehen, hören und wahrnehmen. Dies hilft, die Aufmerksamkeit von obsessiven Gedanken abzulenken.

Nutze deinen Atem als Anker: Wann immer deine Gedanken zu wandern beginnen, lenke deine Aufmerksamkeit für ein paar Sekunden wieder auf deine Atmung. Dadurch entsteht eine Pause im Gedankenfluss.

Erstellen einer Routine für das psychische Wohlbefinden

Die Art und Weise, wie du deinen Tag einteilst, beeinflusst die Quantität und Qualität deiner Gedanken. Ein überlastetes und gestresstes Gehirn neigt eher dazu, zu viel nachzudenken, während ein ausgeruhter und gut stimulierter Geist eher in der Lage ist, mit Sorgen klar umzugehen.

- **Nehmen Sie sich Zeit für die geistige Entspannung:** Meditation, Lesen, Musik oder künstlerische Aktivitäten helfen, geistige Überlastung zu reduzieren.
- **Vermeiden Sie es, den Tag mit Ihrem Handy zu beginnen und zu beenden:** Die Reduzierung der Exposition gegenüber digitalen Reizen hilft, Ihren Geist ruhiger und weniger anfällig für übermäßiges Nachdenken zu halten.
- **Bewahren Sie ein Gleichgewicht zwischen Pflichten und Vergnügen**: Ein Leben, das sich zu sehr auf Arbeit und Verantwortung konzentriert, erhöht die Tendenz, zu viel nachzudenken. Zeit für Hobbys und Freizeitaktivitäten zu nehmen, ist für ein gutes seelisches Gleichgewicht unerlässlich.

Entwicklung der "Loslassen"-Mentalität

Viele Menschen, die unter übermäßigem Nachdenken leiden, klammern sich an Gedanken, als wären sie lebenswichtig. Zu lernen, was nicht hilfreich ist, ist jedoch eine der mächtigsten Fähigkeiten zur Verbesserung des psychischen Wohlbefindens.

- **Zu akzeptieren, dass nicht alles kontrolliert werden kann:** Viele Dinge passieren unabhängig von unseren Gedanken. Das Akzeptieren von Unsicherheiten reduziert die Notwendigkeit, alles im Detail zu analysieren.

- **Lerne zu sagen: "Es ist okay":** Höre auf, nach Perfektion zu suchen und akzeptiere, dass selbst eine Entscheidung, die nicht perfekt ist, ausreichen kann.

- **Visualisieren Sie die Loslösung von Gedanken:** Stellen Sie sich vor, Sie stecken die schwersten Gedanken in ein Boot, das auf einem Fluss dahingleitet. Das hilft, Sorgen nicht unnötig zurückzuhalten.

Es ist möglich, den Geist zu trainieren, um gesünder und produktiver zu funktionieren, aber es erfordert Ausdauer und Übung. Jedes Mal, wenn Sie diese Strategien anwenden, lernt Ihr Gehirn, den Kreislauf des Überdenkens zu durchbrechen und alte mentale Muster durch ausgewogenere Gewohnheiten zu ersetzen. Der Schlüssel liegt darin, bewusst zu handeln und zu erkennen, dass Gedanken Werkzeuge sind, die es zu bewältigen gilt, und keine Ketten, an denen man gefangen sein kann.

Kapitel:5 – Die Auswirkungen des Überdenkens auf Beziehungen und wie man sie verbessern kann

Übermäßiges Nachdenken hat nicht nur Auswirkungen auf die psychische Gesundheit und das persönliche Wohlbefinden, sondern wirkt sich auch tiefgreifend auf die zwischenmenschlichen Beziehungen aus. Wenn der Geist in einem Kreislauf von obsessiven Gedanken und Unsicherheiten gefangen ist, leidet die Qualität der Interaktionen mit anderen, oft auf subtile, aber bedeutungsvolle Weise. Eine übermäßige Auseinandersetzung mit den Worten, Gesten und Absichten anderer kann zu Missverständnissen, Spannungen und Konflikten führen und das Vertrauen und die Harmonie in persönlichen und beruflichen Beziehungen untergraben.

Eine der Hauptarten, wie sich übermäßiges Nachdenken in Beziehungen manifestiert, ist die Angst vor dem Urteil anderer Menschen. Diejenigen, die zu viel nachdenken, neigen dazu, jedes Gespräch ständig zu überprüfen, jedes gesagte oder empfangene Wort zu analysieren, aus Angst, einen schlechten Eindruck hinterlassen oder etwas Unangemessenes gesagt zu haben. Diese Einstellung kann soziale Ängste und Unsicherheit hervorrufen und die Person dazu bringen, bestimmte Situationen zu vermeiden oder sich übermäßig kontrolliert zu verhalten. Wenn du dich zu sehr damit beschäftigst, wie du wahrgenommen wirst, verlierst du die Spontaneität und die Beziehungen werden weniger authentisch und angespannter.

Übermäßiges Nachdenken kann auch die Tendenz fördern, zu viel zwischen den Zeilen zu lesen, was zu einer verzerrten Interpretation der Worte und Verhaltensweisen anderer Menschen führt. Eine Nachricht, die in einem neutralen Ton empfangen wird, kann als kalt oder feindselig empfunden werden, eine Verzögerung bei der Beantwortung eines Anrufs kann als Zeichen von Desinteresse interpretiert werden, eine Veränderung des Tonfalls in einem Gespräch kann als Zeichen von Unzufriedenheit oder Distanz erscheinen. Diese Art der Fehlinterpretation kann unnötige Unsicherheiten erzeugen und Druck auf die Beziehung ausüben, wodurch sich die andere Person ständig unter Beobachtung fühlt.

In romantischen Beziehungen kann es besonders schädlich sein, zu viel nachzudenken. Wenn eine Person von Zweifeln und Sorgen mitgerissen wird, kann es sein, dass sie beginnt, die Beziehung ständig in Frage zu stellen und nach Anzeichen von Problemen zu suchen, auch wenn es keine gibt. Dies kann zu einem übermäßigen Bedürfnis nach Sicherheit auf Seiten des Partners führen, das auf Dauer schwer und anstrengend werden kann. Die Angst, verlassen oder verraten zu werden, kann zu übermäßiger Kontrolle führen, Spannungen erzeugen und das gegenseitige Vertrauen untergraben. In einigen Fällen kann übermäßiges Nachdenken sogar zu Problemen führen, die es gar nicht gibt, und kleine Meinungsverschiedenheiten in größere Probleme verwandeln, als sie wirklich sind.

Auch in Freundschaften kann zu viel Nachdenken zu Schwierigkeiten führen. Diejenigen, die unter übermäßigem Nachdenken leiden, machen sich oft zu viele Sorgen, anderen zur Last zu fallen oder nicht interessant oder angenehm genug zu sein. Dies kann zu vermeidendem Verhalten führen, bei dem die Person aus Angst, beurteilt zu werden, aufgibt, ihre Gedanken oder Emotionen zu teilen. Auf der anderen Seite kann übermäßiges Nachdenken auch zum Gegenteil führen, d.h. zu einer übermäßigen Analyse des Verhaltens von Freunden, mit der Gefahr, sich für Kleinigkeiten leicht verletzt oder betrogen zu fühlen. Dies kann zu Spannungen und Schwierigkeiten bei der Aufrechterhaltung gesunder und dauerhafter Beziehungen führen.

Übermäßiges Nachdenken wirkt sich auch auf berufliche Beziehungen aus. In einem Arbeitsumfeld kann eine Überanalyse der eigenen Leistung und des Umgangs mit Kollegen und Vorgesetzten zu Stress und Unsicherheit führen. Diejenigen, die unter übermäßigem Nachdenken leiden, brauchen möglicherweise zu lange, um E-Mails oder Nachrichten zu überprüfen, bevor sie gesendet werden, machen sich übermäßig Sorgen darüber, wie sie von ihrem Chef oder ihren Kollegen wahrgenommen werden, und fühlen sich gelähmt, wenn sie mit wichtigen Entscheidungen konfrontiert werden. Diese Einstellung kann die Arbeitseffizienz verringern und die Fähigkeit beeinträchtigen, friedlich und produktiv zu arbeiten.

Um Beziehungen zu verbessern und die Auswirkungen des Überdenkens zu verringern, ist es entscheidend, zwischen Wahrnehmung und Realität unterscheiden zu lernen. Nicht alle Gedanken, die im Geist auftauchen, sind absolute Wahrheiten, und zu lernen, sie zu hinterfragen, hilft, Fehlinterpretationen von Situationen zu vermeiden. Wenn du anfängst, an etwas in einer Beziehung zu zweifeln, ist es hilfreich, dich zu fragen, ob es konkrete Beweise gibt, die diesen Gedanken rechtfertigen, oder ob es nur eine Vermutung ist, die auf persönlichen Unsicherheiten basiert.

Ein weiterer wichtiger Schritt ist die Entwicklung einer offeneren und direkteren Kommunikation. Wer zu viel nachdenkt, vermeidet es oft, seine Zweifel und Sorgen zu äußern, weil er befürchtet, Konflikte zu verursachen oder verurteilt zu werden. Das Zurückhalten von Emotionen nährt jedoch nur das Überdenken und erzeugt eine innere Spannung, die früher oder später explodiert. Wenn du lernst, deine Gefühle klar und respektvoll auszudrücken, kannst du Missverständnisse abbauen und die Qualität von Beziehungen verbessern.

Die Angstbewältigung spielt auch eine Schlüsselrolle bei der Verbesserung sozialer Interaktionen. Übermäßiges Nachdenken wird oft durch Angst angeheizt, und die Reduzierung des Stresspegels hilft Ihnen, Situationen ausgewogener zu sehen. Entspannungstechniken wie tiefes Atmen, Meditation und körperliche Aktivität können helfen, den Geist zu beruhigen und den Drang zu reduzieren, jedes Detail zu überanalysieren.

Ein weiterer wichtiger Aspekt ist das Lernen, anderen zu vertrauen. Übermäßiges Nachdenken entspringt oft der Angst, verletzt, betrogen oder missverstanden zu werden, aber keine Beziehung kann ohne ein Mindestmaß an Vertrauen funktionieren. Zu akzeptieren, dass man nicht alles kontrollieren kann und dass Menschen positive Absichten haben können, hilft dabei, die Notwendigkeit zu verringern, jedes ihrer Verhaltensweisen zu analysieren. Vertrauen bedeutet nicht, die Anzeichen eines Problems zu ignorieren, sondern Raum für die Möglichkeit zu lassen, dass andere gute Absichten haben, ohne dass es einer ständigen Bestätigung bedarf.

Die Akzeptanz von Unvollkommenheit ist ebenfalls ein Schlüsselelement. Keine Beziehung ist perfekt, und keine Interaktion wird immer frei von Missverständnissen oder Fehlern sein. Zu akzeptieren, dass es Momente der Unsicherheit geben wird, dass man manchmal etwas Falsches sagen oder tun kann und dass andere es missverstehen können, darf nicht zum Drama werden. Die stärksten Beziehungen sind nicht die ohne Probleme, sondern die, in denen die Menschen wissen, wie sie damit umgehen müssen, ohne sich von Ängsten und ständigen Zweifeln dominieren zu lassen.

Sich vom übermäßigen Nachdenken in Beziehungen zu befreien bedeutet, eine entspanntere und vertrauensvollere Haltung gegenüber anderen zu entwickeln. Anstatt zu versuchen, jeden möglichen Fehler vorherzusagen oder jedes kleine Signal zu deuten, kannst du lernen, loszulassen, ehrlich zu kommunizieren und Beziehungen authentischer und gelassener zu leben. Weniger Zeit, die mit Grübeln verbracht wird, bedeutet mehr Zeit, um tiefe und befriedigende Bindungen aufzubauen, die auf gegenseitigem Verständnis und Vertrauen basieren

5.1 – Überwindung des Überdenkens in Beziehungen: Strategien zum Aufbau gesünderer, authentischerer Verbindungen

Übermäßiges Nachdenken in Beziehungen ist ein Phänomen, das zu Spannungen, Unsicherheit und Kommunikationsschwierigkeiten führen kann. Jedes Detail zu überanalysieren, an den Absichten anderer zu zweifeln und sich ständig Sorgen über das Urteil anderer zu machen, kann Beziehungen stressiger machen, als sie sein sollten. Es gibt jedoch wirksame Strategien, um diesen Kreislauf zu durchbrechen und gesündere, authentischere Interaktionen aufzubauen. Der erste Schritt besteht darin, zu erkennen, dass übermäßiges Nachdenken nicht unbedingt aus der Realität der Beziehung stammt, sondern oft aus mentalen Mustern, die im Laufe der Zeit verinnerlicht werden.

Eines der Hauptprobleme beim Überdenken in Beziehungen ist die Tendenz, ständig nach Bestätigung zu suchen. Wer zu viel nachdenkt, braucht oft ständige Bestätigung, um sich der Bindung zum anderen sicher zu sein. Dies kann zu Verhaltensweisen führen, wie z. B. jede kleine Änderung im Ton zu interpretieren, sich Sorgen zu machen, wenn eine Nachricht keine sofortige Antwort erhält, oder sich selbst davon zu überzeugen, dass eine andere Geste als üblich ein Zeichen für ein bevorstehendes Problem ist. Diese Gewohnheit führt zu Ängsten und Selbstzweifeln, was dazu führt, dass sich die andere Person unter Druck gesetzt fühlt.

Um diesen Kreislauf zu durchbrechen, ist es unerlässlich zu lernen, zwischen Fakten und Annahmen zu unterscheiden. Viele der Bedenken im Zusammenhang mit übermäßigem Nachdenken beruhen auf subjektiven Interpretationen, nicht auf tatsächlichen Ereignissen. Wenn ein ängstlicher Gedanke aufkommt, ist es hilfreich, innezuhalten und sich zu fragen:

- **Gibt es konkrete Beweise, die diese Befürchtung bestätigen, oder handelt es sich nur um eine Hypothese?**
- **Wenn ich in einer entspannteren Situation wäre, würde ich das auch so sehen?**
- **Wie würde ich reagieren, wenn ein Freund mir gegenüber diesem Zweifel äußern würde? Würde ich ihm sagen, dass**

es sich um eine begründete Sorge handelt, oder würde ich ihn beruhigen?

Ein weiterer wichtiger Aspekt, um das Überdenken in Beziehungen zu reduzieren, ist das Lernen, Unsicherheit zu tolerieren. Viele Menschen machen sich übermäßig Sorgen, weil sie die absolute Kontrolle über die Beziehung haben und möglichen Problemen vorbeugen wollen. Allerdings kann keine Beziehung vollständig vorhersehbar sein. Menschen verändern sich, haben unterschiedliche Tage und können Reaktionen haben, die nicht immer die Erwartungen widerspiegeln. Zu akzeptieren, dass Unsicherheit Teil der Natur von Beziehungen ist, hilft dabei, die Notwendigkeit zu reduzieren, jedes Detail zu analysieren und Bindungen gelassener zu erleben.

Ein häufiger Fehler unter überdenkenden Betroffenen ist es, direkte Konfrontationen zu vermeiden, aus Angst, zu stören oder Konflikte zu schaffen. Oft ziehen es die Menschen vor, zu schweigen, zu versuchen, die Signale zu deuten und jedes mögliche Szenario zu analysieren, anstatt ihre Emotionen oder Bedenken offen auszudrücken. Diese Einstellung schürt jedoch nur Unsicherheit und ein Gefühl der Distanz in Beziehungen. Kommunikation ist der Schlüssel zum Aufbau authentischerer Beziehungen. Wenn du ehrlich und klar über deine Gefühle sprichst, reduziert die Missverständnisse und stärkt deine Verbindung zum anderen. Wenn Sie einen Zweifel oder eine Sorge haben, ist es effektiver, das Problem direkt und respektvoll anzusprechen, anstatt tagelang darüber nachzudenken. Anstatt zum Beispiel immer wieder zu denken: "Ich glaube, er ist distanziert, vielleicht ist es ihm egal", kannst du ruhig sagen: "Du fühlst dich in letzter Zeit ein wenig distanziert, gibt es etwas, das dich stört?" Diese Art der offenen Kommunikation vermeidet unnötige Annahmen und hilft, Situationen klarer zu klären.

Eine weitere wichtige Strategie, um übermäßiges Denken zu überwinden, besteht darin, Beziehungen nicht mehr zu idealisieren. Wer dazu neigt, zu oft zu denken, hat sehr hohe Erwartungen, sowohl an sich selbst als auch an andere. Dies kann zu dem Glauben führen, dass jede Interaktion perfekt sein muss, dass der Partner oder die Freunde immer auf eine bestimmte Weise reagieren müssen und dass jedes Missverständnis ein Zeichen für ein tiefes Problem ist. In Wirklichkeit hat jede Beziehung Momente mit Höhen und Tiefen, und niemand ist perfekt. Zu akzeptieren, dass Menschen schlechte Tage, Momente der Ablenkung oder Stress haben können, ohne dass dies notwendigerweise ein Problem in der Beziehung bedeutet, hilft, die Tendenz zur Überanalyse zu reduzieren.

Auch die innere Sprache hat einen großen Einfluss auf die Wahrnehmung von Beziehungen. Diejenigen, die unter übermäßigem Denken leiden, haben oft einen negativen inneren Dialog, der Unsicherheit und Ängste nährt. Die Art und Weise, wie du mit dir selbst sprichst, zu ändern, kann einen großen Unterschied machen. Anstatt dir zum Beispiel gedanklich zu wiederholen "Vielleicht störe ich ihn" oder "Er denkt sicherlich, dass ich nicht genug wert bin", kannst du den Gedanken durch realistischere und ermutigende Sätze wie "Menschen, die mich lieben, schätzen meine Anwesenheit" oder "Wenn es ein Problem gibt, kann ich ruhig damit umgehen und klar kommunizieren" ersetzen.

Ein weiterer wichtiger Aspekt ist das Loslassen des Bedürfnisses nach Kontrolle. Viele Menschen denken, dass die Analyse jedes Details der Beziehung hilft, Probleme zu vermeiden oder die Beziehung stabiler zu machen. In Wirklichkeit erstickt übermäßige Kontrolle die Natürlichkeit der Interaktionen und kann unnötige Spannungen erzeugen. Beim Loslassen geht es nicht darum, Probleme zu ignorieren, sondern darauf zu vertrauen, dass sich Beziehungen auf natürliche Weise entwickeln können, ohne dass eine kontinuierliche Analyse erforderlich ist.

Auch das Selbstwertgefühl und das Selbstvertrauen spielen eine entscheidende Rolle, wenn es darum geht, das Überdenken in Beziehungen zu reduzieren. Oft neigen Menschen mit geringem Selbstwertgefühl dazu, sich zu viele Gedanken darüber zu machen, was andere denken, weil sie befürchten, dass sie nicht interessant, attraktiv oder liebenswert genug sind. Die Arbeit am Selbstwertgefühl hilft, das Bedürfnis nach äußerer Bestätigung zu verringern und Beziehungen ausgeglichener zu leben. Mehr Selbstvertrauen aufzubauen bedeutet, sich nicht mehr nur auf die Reaktionen anderer Menschen zu verlassen, um sich gut zu fühlen und eine stabilere innere Sicherheit zu entwickeln.

Persönliches Zeit- und Raummanagement ist ebenfalls von entscheidender Bedeutung. Manchmal entsteht das Überdenken aus der Tatsache, dass du dich zu sehr auf die Beziehung konzentrierst und dein individuelles Wohlbefinden vernachlässigst. Interessen, Leidenschaften und Aktivitäten, die den Geist stimulieren, helfen, die Aufmerksamkeit vom obsessiven Denken abzulenken und Beziehungen ausgeglichener zu machen.

Um die Qualität von Beziehungen zu verbessern, muss sich die mentale Einstellung und die Art und Weise, wie wir mit anderen interagieren, ändern. Übermäßiges Nachdenken zu reduzieren bedeutet, zu lernen, mehr zu vertrauen, aufrichtig zu kommunizieren, Ihre Unsicherheiten zu reduzieren und Ihr Bedürfnis nach Kontrolle loszulassen. Mit der Zeit und Übung ist es möglich, eine entspanntere und authentischere Herangehensweise an zwischenmenschliche Beziehungen zu entwickeln und Beziehungen, ohne die Last von Ängsten und unnötigen Sorgen zu genießen.

5.2 – Die Rolle von Emotionen beim Überdenken in Beziehungen und wie man mit ihnen umgeht

Emotionen spielen eine grundlegende Rolle beim Überdenken in Beziehungen. Viele der Unsicherheiten und obsessiven Gedanken, die in Beziehungen auftauchen, stammen nicht so sehr von den tatsächlichen Fakten, sondern von den Emotionen, die man fühlt. Wenn eine Person von Angst, Angst vor Ablehnung oder dem Bedürfnis nach Anerkennung getrieben wird, beginnt der Verstand, Gedanken zu erzeugen, die diese emotionalen Zustände widerspiegeln. Zu lernen, seine Emotionen zu erkennen und damit umzugehen, ist daher unerlässlich, um das Überdenken zu reduzieren und Beziehungen gelassener zu leben.
Einer der häufigsten Fehler, der zum Überdenken führt, ist die Unterdrückung von Emotionen. Aus Angst, schwach zu wirken oder beurteilt zu werden, vermeiden es viele Menschen, ihre Gefühle auszudrücken, und versuchen, ihre Gefühle zu verbergen, in der Hoffnung, dass sie von selbst verschwinden. In Wirklichkeit verschwinden unterdrückte Emotionen nicht, sondern verwandeln sich in innere Spannungen und manifestieren sich durch obsessives Denken. Wenn Emotionen keinen Raum gegeben wird, versucht der Verstand, sie unkontrolliert zu verarbeiten, indem er immer wieder die gleichen Sorgen und Szenarien wiederholt.
Der Schlüssel, um das Überdenken in Beziehungen zu reduzieren, besteht darin, Emotionen zu akzeptieren, anstatt sie zu bekämpfen. Wenn du in einer Beziehung Angst, Unsicherheit oder Furcht verspürst, besteht der erste Schritt darin, dies ohne Urteil anzuerkennen. Wenn du dir sagst: "Ich fühle mich ängstlich" oder "Ich fühle mich gerade unsicher", hilft es dir, dir deines emotionalen Zustands bewusst zu werden, ohne dich von obsessivem Denken mitreißen zu lassen. Eine Emotion zu akzeptieren bedeutet, ihr Raum zu geben, ohne zu versuchen, sie sofort zu verändern. Ein weiteres entscheidendes Element ist die Unterscheidung zwischen Emotionen und Gedanken. Oft glauben diejenigen, die unter

71

übermäßigem Nachdenken leiden, dass ihre Gedanken eine objektive Darstellung der Realität sind, während sie in Wirklichkeit nur eine Reflexion der Emotionen sind, die in diesem Moment empfunden werden. Wenn sich eine Person zum Beispiel in der Beziehung unsicher fühlt, kann sie anfangen zu denken, dass ihr Partner das Interesse verliert oder dass ihre Freundschaft mit einer bestimmten Person schwindet. Aber diese Gedanken sind nicht unbedingt real: Sie sind nur das Ergebnis von Angst oder Unsicherheit. Wenn ein negativer Gedanke über eine Beziehung auftaucht, ist es hilfreich, innezuhalten und sich zu fragen:

1. **Basiert dieser Gedanke auf realen Fakten oder ist er nur eine Reflexion meiner aktuellen Emotion?**
2. **Wenn ich in einer gelasseneren Stimmung wäre, würde ich die Situation genauso sehen?**
3. **Hilft mir diese Emotion, etwas Wichtiges zu verstehen, oder befeuert sie nur mein Überdenken?**

Zu erkennen, dass Emotionen die Art und Weise beeinflussen, wie du Situationen interpretierst, hilft dir, nicht von negativen Gedanken gefangen zu sein.

Ein weiteres häufiges Problem in Beziehungen ist die Angst vor dem Verlassenwerden. Viele Menschen, die unter übermäßigem Nachdenken leiden, haben Angst, abgelehnt oder verlassen zu werden, und diese Angst führt dazu, dass sie hyperwachsam gegenüber Signalen ihres Partners, ihrer Freunde oder Kollegen sind. Jede noch so kleine Veränderung im Verhalten des anderen wird analysiert und als Zeichen der Entfremdung gedeutet. Diese Überempfindlichkeit erzeugt Ängste und führt zu Verhaltensweisen, die die Beziehung unter Druck setzen können, wie z. B. die ständige Suche nach Bestätigung oder die Analyse jedes noch so kleinen Details auf der Suche nach Bestätigung.

Um mit der Angst vor dem Verlassenwerden umzugehen, ist es unerlässlich, das Gefühl der inneren Sicherheit zu stärken. Eine Beziehung kann nicht auf Angst aufgebaut werden, sondern auf gegenseitigem Vertrauen. Wenn du feststellst, dass du dir zu viele Sorgen um die Stabilität einer Beziehung machst, ist es sinnvoll, an deinem Selbstwertgefühl zu arbeiten und eine größere emotionale Unabhängigkeit zu entwickeln. Persönliche Interessen zu haben, einen individuellen Raum zu pflegen und vielfältige Beziehungen zu pflegen, hilft, die emotionale Abhängigkeit von einer Person zu verringern und Beziehungen mit größerer Ausgeglichenheit zu führen.

Die Art und Weise, wie du auf die Emotionen des anderen reagierst, hat auch einen wichtigen Einfluss auf das Überdenken. Wenn ein geliebter Mensch distanziert oder weniger liebevoll als sonst wirkt, neigt der Überdenker sofort dazu, zu denken, dass er etwas falsch gemacht hat oder dass die Beziehung in Gefahr ist. Anstatt voreilige Schlüsse zu ziehen, ist es hilfreich zu lernen, den Kontext zu betrachten. Die Menschen haben schwierige Tage, sie sind müde, gestresst oder einfach nur in Gedanken versunken. Das Verhalten einer Person ist nicht immer ein Spiegelbild der Beziehung, sondern kann von externen Faktoren abhängen, die nichts mit uns zu tun haben.

Ein effektiver Weg, mit solchen Situationen umzugehen, besteht darin, Empathie zu üben. Anstatt dich darauf zu konzentrieren, wie du über das Verhalten der anderen Person denkst, kannst du versuchen, dich in ihre Lage zu versetzen und dich zu fragen, ob es vielleicht eine alternative Erklärung gibt. Vielleicht hatte dein Partner einen stressigen Tag, vielleicht macht sich dein Freund Sorgen um etwas Persönliches. Die Entwicklung dieser Fähigkeit hilft, negative Interpretationen zu reduzieren und die Qualität von Beziehungen zu verbessern.

Eine weitere nützliche Strategie für den Umgang mit Emotionen beim Überdenken in Beziehungen besteht darin, mentale Distanz zum Problem zu nehmen. Wenn ein obsessiver Gedanke die Oberhand gewinnt, kann es hilfreich sein, aus der Situation herauszukommen und etwas völlig anderes zu tun. Sport zu treiben, sich in ein Hobby zu vertiefen oder einfach nur die Umgebung zu wechseln, hilft, den Gedankenfluss zu stören und Ihre Sorgen zu reduzieren. Manchmal müssen Sie Ihre Aufmerksamkeit nur für ein paar Stunden ablenken, um zu erkennen, dass das Problem nicht so groß war, wie es zunächst schien.

Emotionales Journal ist auch ein großartiges Werkzeug, um mit Emotionen umzugehen und übermäßiges Nachdenken zu reduzieren. Wenn du deine Gefühle zu Papier bringst, hilft das, deine Gedanken zu ordnen und sie klarer zu sehen. Darüber hinaus hilft das erneute Lesen dessen, was zu verschiedenen Zeiten geschrieben wurde, zu verstehen, wie vorübergehend Emotionen sind und wie bestimmte Gedanken, die in einem Moment der Angst so wichtig schienen, nach ein paar Stunden oder Tagen unbedeutend erscheinen können.

Schließlich hilft die Entwicklung einer Denkweise des Vertrauens und des Wachstums, das Überdenken in Beziehungen zu reduzieren. Anstatt jedes noch so kleine Problem als Bedrohung für die Beziehung zu erleben, ist es hilfreich, es als Chance zu sehen, zu lernen und die Bindung zu stärken. Die stärksten Beziehungen sind nicht die ohne Schwierigkeiten, sondern die, in denen man gemeinsam mit Momenten der Ungewissheit umzugehen weiß, ohne von Ängsten überwältigt zu werden.

Zu lernen, mit Emotionen umzugehen, anstatt von ihnen überwältigt zu werden, ist ein wesentlicher Schritt, um den Kreislauf des Beziehungsüberdenkens zu durchbrechen. Emotionen sind ein wertvoller Wegweiser, aber nur, wenn sie erkannt und verstanden werden, ohne in verzerrte Interpretationen hineingezogen zu werden. Zu akzeptieren, was man fühlt, zu lernen, Gefühlen Raum zu geben, ohne sie zu verurteilen, und eine größere innere Sicherheit zu entwickeln, hilft dabei, ausgeglichenere, gelassenere und erfüllender Beziehungen aufzubauen.

5.3 – Aufbau authentischerer und sichererer Beziehungen: Strategien zum Abbau von Überdenken und zur Stärkung von Bindungen

Übermäßiges Nachdenken in Beziehungen kann eine unsichtbare Barriere zwischen Menschen schaffen, die es schwierig macht, authentische und sichere Bindungen aufzubauen. Wenn der Verstand in einem kontinuierlichen Kreislauf von Zweifeln, Ängsten und übermäßiger Analyse gefangen ist, geht die Spontaneität verloren und emotionale Distanz wird erzeugt. Um die Qualität von Beziehungen zu verbessern und die Belastung durch obsessives Denken zu verringern, ist es wichtig, Strategien zu entwickeln, die einen entspannteren, aufrichtigeren und lohnenderen Umgang fördern.

Einer der ersten Schritte zum Aufbau authentischerer Beziehungen besteht darin, nicht mehr zu versuchen, jeden Aspekt der Interaktion zu kontrollieren. Überdenkende Betroffene versuchen oft, die Reaktionen anderer zu antizipieren, jedes mögliche Ergebnis vorherzusagen und ihr Verhalten auf der Grundlage der hypothetischen Reaktionen, die sie erhalten könnten, anzupassen. Diese Einstellung führt jedoch zu einer unnatürlichen Interaktion und erzeugt unnötigen Stress. Die stärksten Beziehungen basieren auf Spontaneität und der Fähigkeit zu akzeptieren, dass nicht alles kontrolliert oder vorhergesagt werden kann.

Ein Schlüsselelement, um übermäßiges Nachdenken zu reduzieren, besteht darin, Ihrer Intuition mehr zu vertrauen. Viele Menschen neigen aus Unsicherheit und Angst, Fehler zu machen, dazu, jeden ihrer Gedanken oder Emotionen in Frage zu stellen und sich ständig zu fragen, ob sie das Richtige sagen oder tun. In Wirklichkeit ist die Intuition oft ein wertvoller Verbündeter: Das Gehirn verarbeitet auf natürliche Weise Informationen, die auf Erfahrung und Wissen basieren, und das Lernen, auf seine Instinkte zu hören, kann die Überanalyse reduzieren.

Ein weiterer wichtiger Aspekt ist, nicht ständig nach Bestätigung durch andere zu suchen. Diejenigen, die in Beziehungen unter übermäßigem Nachdenken leiden, machen sich oft zu viele Sorgen darüber, was andere denken, und brauchen ständige Bestätigung, um sich sicher zu fühlen. Dieses Verhalten kann für beide Parteien schwerwiegend werden und ein Ungleichgewicht in der Beziehung schaffen. Zu lernen, seine Meinung zu schätzen und sich nicht ausschließlich auf äußeres Urteil zu verlassen, hilft dabei, gesündere Beziehungen aufzubauen, die auf Gegenseitigkeit basieren.

Die Entwicklung einer klareren und direkteren Kommunikation ist auch wichtig, um Überdenken zu reduzieren. Menschen, die zu viel nachdenken, vermeiden es oft, klar auszudrücken, was sie fühlen, aus Angst, missverstanden zu werden oder Konflikte zu erzeugen. Diese Haltung führt zu einem Aufbau von Spannungen und Fehlinterpretationen der Situation. Wenn Sie in Ihren Gefühlen und Bedürfnissen transparent sind, können Sie viele der Unsicherheiten beseitigen, die zu viel Nachdenken führen. Anstatt darüber nachzudenken, was der andere denken oder will, ist es effektiver, direkte Fragen zu stellen und alle Bedenken aufrichtig zu klären.

Ein weiterer Faktor, der hilft, stärkere Beziehungen aufzubauen, ist das Akzeptieren von Unvollkommenheit. Viele Überdenker glauben, dass sie sich immer tadellos verhalten müssen, um eine positive Beziehung aufrechtzuerhalten, ohne Fehler zu machen oder Momente der Spannung zu schaffen. Dieser Glaube führt zu übermäßiger Selbstkritik und kontinuierlicher Überwachung des eigenen Verhaltens. In Wirklichkeit sind die authentischsten Beziehungen diejenigen, in denen sich die Menschen frei fühlen, sie selbst zu sein, ohne Angst haben zu müssen, für jede kleine Unvollkommenheit verurteilt zu werden. Zu akzeptieren, dass es normal ist, Momente der Schwäche zu haben, Fehler zu machen und mit Missverständnissen umzugehen, hilft, Beziehungen leichter zu leben.

Ein weiterer entscheidender Aspekt ist es, zu lernen, zwischen den eigenen Unsicherheiten und der Realität der Beziehung zu unterscheiden. Oft wird das übermäßige Nachdenken durch innere Ängste angeheizt, für die es keine wirklichen Beweise gibt. Wenn eine Person in der Vergangenheit negative Erfahrungen gemacht hat, kann sie dazu verleitet werden, zu glauben, dass jedes kleine Zeichen der Distanz oder Veränderung in der Einstellung des anderen der Auftakt zu einem größeren Problem ist. Anstatt automatisch auf diese Ängste zu reagieren, ist es hilfreich, innezuhalten und sich zu fragen, ob das Denken, das auftaucht, wirklich auf harten Fakten beruht oder ob es nur ein Spiegelbild einer alten Unsicherheit ist.

Der Beziehung Raum zu geben, ohne sie zu ersticken, ist auch ein wichtiger Faktor, um übermäßiges Nachdenken zu reduzieren. Diejenigen, die zu viel analysieren, neigen oft dazu, alles unter Kontrolle haben zu wollen, den Fortschritt der Beziehung ständig zu überwachen und nach Anzeichen zu suchen, die ihre Sicherheit bestätigen. Dieses Verhalten kann jedoch Druck auf die andere Person ausüben und ein Gefühl der Unterdrückung erzeugen. Dem anderen Raum zu geben, seine Zeit zu respektieren und nicht nach ständiger Bestätigung zu suchen, hilft, die Beziehung ausgeglichener zu machen und Ängste abzubauen.

Ein weiteres nützliches Instrument zur Verbesserung von Beziehungen ist das Erlernen des konstruktiven Umgangs mit Konflikten. Übermäßiges Nachdenken entsteht oft aus der Angst, mit Auseinandersetzungen oder Missverständnissen konfrontiert zu werden. Viele Menschen ziehen es vor, Konfrontationen zu vermeiden, aus Angst, etwas Falsches zu sagen oder die Situation zu verschlimmern. In der Realität sind Konflikte nicht unbedingt negativ: Wenn sie mit Respekt und Offenheit behandelt werden, können sie die Beziehung stärken und das gegenseitige Verständnis erhöhen. Statt Konflikte zu fürchten, ist es hilfreich, sie als Chance zu sehen, die Kommunikation zu verbessern und die Bindung zum Gegenüber zu vertiefen.

Ein ausgeglichenes Leben außerhalb der Beziehung hilft auch, weniger nachzudenken. Zu viel nachdenkende Betroffene widmen oft zu viel mentale Energie der Beziehung und vernachlässigen andere wichtige Aspekte ihres Lebens. Hobbys, Interessen, Freundschaften und unabhängige Aktivitäten helfen, das emotionale Gleichgewicht zu bewahren und die Tendenz zu verringern, sich obsessiv auf die Beziehung zu konzentrieren.

Schließlich ist eine der mächtigsten Strategien, um authentischere und sicherere Beziehungen aufzubauen, Dankbarkeit und Wertschätzung zu üben. Diejenigen, die zu oft nachdenken, konzentrieren sich auf das, was schief gehen könnte, was fehlt oder mögliche zukünftige Probleme. Der Perspektivenwechsel und die Fokussierung auf das Positive in der Beziehung helfen, Ängste abzubauen und Beziehungen mit größerer

Gelassenheit zu leben. Dankbarkeit für die Gesten des anderen zu zeigen, Momente des Glücks anzuerkennen und die Anwesenheit des Liebsten oder der Freunde zu schätzen, stärkt die Bindung und schafft ein positiveres emotionales Klima.

Beziehungen zu verbessern und übermäßiges Nachdenken zu reduzieren, bedeutet nicht, Sorgen oder Zweifel vollständig zu beseitigen, sondern zu lernen, sie auf ausgewogenere Weise zu bewältigen. Die befriedigendsten Beziehungen sind nicht die ohne Schwierigkeiten, sondern diejenigen, in denen die Menschen in der Lage sind, aufrichtig zu kommunizieren, einander zu vertrauen und die Beziehung mit Authentizität und Ruhe zu leben. Die Übernahme dieser Strategien hilft, tiefere, gelassenere und erfüllender Bindungen aufzubauen und die Last von Ängsten und obsessivem Denken zu reduzieren.

Kapitel: 6 – Der Zusammenhang zwischen übermäßigem Nachdenken und Selbstwertgefühl: Aufbau einer stärkeren inneren Sicherheit

Übermäßiges Nachdenken und geringes Selbstwertgefühl sind eng miteinander verbunden. Menschen, die zu oft nachdenken, stellen ihre Fähigkeiten, ihre Entscheidungen und sogar ihren Wert in Frage und suchen ständig nach externer Bestätigung, um sich sicher zu fühlen. Wenn das Selbstwertgefühl zerbrechlich ist, neigt der Verstand dazu, einen ständigen Fluss von Zweifeln und Unsicherheiten zu erzeugen, was dazu führt, dass die Person über jede Entscheidung, jedes Wort oder jede Situation nachdenkt. Die Stärkung des inneren Selbstvertrauens ist daher ein grundlegender Schritt, um den Kreislauf des Überdenkens zu durchbrechen und mit größerer Gelassenheit zu leben.
Selbstwertgefühl ist nicht etwas Festes oder Angeborenes, sondern wird im Laufe der Zeit durch Erfahrungen, inneren Dialog und die Art und Weise, wie ein Mensch sich selbst und die Welt interpretiert, aufgebaut. Wer unter übermäßigem Nachdenken leidet, führt oft ein kritisches und strenges Selbstgespräch, das jeden Fehler verstärkt und Erfolge minimiert. Diese Haltung führt zu einer verzerrten Selbstwahrnehmung, wodurch das Bedürfnis nach äußerer Anerkennung und die Angst, Fehler zu machen, steigt. Um das Selbstwertgefühl zu stärken, ist es wichtig zu lernen, wie Sie Ihre Selbstgespräche in ein Instrument der Unterstützung statt in Selbstsabotage verwandeln können.
Einer der ersten Schritte zur Verbesserung des Selbstwertgefühls und zur Reduzierung des Überdenkens besteht darin, selbstabwertende Gedanken zu erkennen und durch realistischere und konstruktivere Aussagen zu ersetzen. Viele dieser negativen Gedanken haben ihre Wurzeln in der Kindheit oder stammen aus vergangenen Erfahrungen, aber sie repräsentieren nicht unbedingt die Wahrheit. Zum Beispiel kann eine Person, die immer geglaubt hat, nicht schlau genug zu sein, die Gewohnheit entwickelt haben, jede ihrer Handlungen obsessiv zu analysieren, aus Angst, Fehler zu machen. In Wirklichkeit kann dieser Glaube auf isolierten Erfahrungen und nicht auf objektiver Realität beruhen.
Um dieses mentale Muster zu durchbrechen, ist es hilfreich, negative Gedanken zu hinterfragen, wann immer sie auftauchen. Wenn der Verstand einen selbstabwertenden Gedanken produziert, wie z.B. "Ich bin nicht gut genug, um es zu tun", ist es wichtig, sich selbst zu fragen:

1. **Welche wirklichen Beweise habe ich, um diesen Gedanken zu unterstützen?**
2. **Verallgemeinere ich eine bestimmte Episode und wende sie auf mein ganzes Leben an?**
3. **Wie würde ich mit einem Freund sprechen, der in der gleichen Situation ist wie ich?**

Den inneren Dialog bewusst zu machen, hilft, die Last des Überdenkens zu reduzieren und eine ausgewogenere Sicht auf sich selbst aufzubauen. Ein weiterer wichtiger Aspekt zur Stärkung des Selbstwertgefühls besteht darin, zu lernen, sich selbst nach eigenen Kriterien zu bewerten, anstatt ständig Bestätigung von außen zu suchen. Viele Menschen, die unter übermäßigem Nachdenken leiden, gründen ihr Selbstwertgefühl auf das Urteil anderer: Wenn sie ein Kompliment erhalten, fühlen sie sich gut; Empfinden sie Kritik oder Ablehnung, sinkt ihr Selbstwertgefühl. Dies führt zu emotionaler Instabilität und erhöht die Tendenz, bei jeder sozialen Interaktion zu grübeln.

Um ein solideres inneres Selbstvertrauen aufzubauen, ist es entscheidend, ein tieferes Bewusstsein für den eigenen Wert zu entwickeln, unabhängig von äußeren Urteilen. Eine sinnvolle Übung ist es, jeden Tag drei persönliche Eigenschaften oder Erfolge aufzuschreiben, auch kleine. Dies hilft, den Fokus von Zweifeln auf die eigenen Fähigkeiten und Fortschritte zu verlagern und das Selbstvertrauen zu stärken.

Ein weiteres Element, das sich auf das Selbstwertgefühl und das Überdenken auswirkt, ist die Angst vor dem Versagen. Viele Menschen grübeln über ihre Entscheidungen nach, weil sie befürchten, Fehler zu machen und die Erwartungen nicht zu erfüllen. Scheitern ist jedoch kein Zeichen von Unzulänglichkeit, sondern ein natürlicher Teil des Wachstumsprozesses. Jeder Fehler bietet eine Chance zum Lernen und zur Verbesserung, und wer lernt, das Scheitern konstruktiv zu betrachten, entwickelt eine stabilere innere Sicherheit.

Um die Angst vor dem Scheitern zu verringern, ist es sinnvoll, die Perspektive zu wechseln und jede Erfahrung als Chance zum Lernen zu betrachten. Anstatt einen Fehler als Zeichen von Unfähigkeit zu sehen, können Sie ihn als Schritt zur Verbesserung interpretieren. Wenn du dich fragst: "Was kann ich aus dieser Situation lernen?" anstatt "Warum habe ich es falsch gemacht?", kannst du eine positivere und widerstandsfähigere Einstellung entwickeln.

Der Umgang mit Emotionen ist auch entscheidend, um das Selbstwertgefühl aufzubauen und übermäßiges Nachdenken zu reduzieren. Menschen mit geringem Selbstwertgefühl versuchen oft, negative Emotionen zu vermeiden, weil sie befürchten, dass sie nicht in der Lage sein werden, mit ihnen umzugehen. Das Unterdrücken von Emotionen verstärkt jedoch nur deren Wirkung und fördert das Überdenken. Zu lernen, Emotionen zu erkennen und zu akzeptieren, ohne sie zu verurteilen oder zu unterdrücken, hilft dabei, ein größeres emotionales Gleichgewicht zu entwickeln.

Eine effektive Übung, um mit Emotionen umzugehen, besteht darin, ein paar Minuten am Tag dem emotionalen Bewusstsein zu widmen und sich zu fragen:

1.   **Welche Emotionen fühle ich gerade?**
2.   **Was ist die Hauptursache für diese Emotionen?**
3.   **Reagiere ich auf eine reale Situation oder auf einen verzerrten Gedanken?**

Diese Praxis hilft, Ängste abzubauen und ein größeres inneres Selbstvertrauen zu entwickeln, so dass Sie Situationen mit größerer Klarheit begegnen können.

Wie du mit den täglichen Herausforderungen umgehst, wirkt sich auch auf dein Selbstwertgefühl aus. Menschen mit geringem Selbstvertrauen neigen dazu, Situationen zu vermeiden, die sie in Schwierigkeiten bringen könnten, was die Angst und das Überdenken erhöhten. Sich Herausforderungen mit Entschlossenheit zu stellen, auch wenn sie zunächst beängstigend sind, hilft, mehr Vertrauen in die eigenen Fähigkeiten zu entwickeln. Jeder kleine Erfolg stärkt die Wahrnehmung von sich selbst als kompetente und fähige Person und reduziert die Notwendigkeit, jede Entscheidung obsessiv zu analysieren.

Schließlich spielen das Umfeld, in dem Sie leben, und die Menschen, mit denen Sie sich umgeben, eine grundlegende Rolle bei der Stärkung des Selbstwertgefühls und der Reduzierung von Überdenken. Der Umgang mit Menschen, die dich ermutigen und unterstützen, hilft dir, eine positivere Sicht auf dich selbst zu entwickeln, während der Kontakt mit kritischen oder negativen Menschen Unsicherheit schüren kann. Sich äußerer Einflüsse bewusst zu sein und sich dafür zu entscheiden, sich mit gesunden und positiven Beziehungen zu umgeben, ist ein wichtiger Schritt, um eine solidere innere Sicherheit aufzubauen.

Selbstwertgefühl wird nicht über Nacht aufgebaut, aber es ist ein Prozess, der Engagement und Ausdauer erfordert. Jedes Mal, wenn du einen selbstabwertenden Gedanken unterbrichst, eine Entscheidung triffst, ohne sie zu überanalysieren, oder einen Fehler akzeptierst, ohne von Schuldgefühlen überwältigt zu werden, kommst du einem größeren Selbstvertrauen einen Schritt näher. Übermäßiges Nachdenken zu reduzieren bedeutet, zu lernen, seinen Fähigkeiten zu vertrauen, Unvollkommenheit zu akzeptieren und eine freundlichere, positivere Einstellung zu sich selbst zu entwickeln. Mit der Zeit und Übung kannst du ein stärkeres Selbstwertgefühl aufbauen und mit größerem Seelenfrieden und Vertrauen in deine Entscheidungen leben.

6.1 – Der innere Dialog: Die Stimme des Geistes vom Feind zum Verbündeten transformieren

Die Art und Weise, wie eine Person mit sich selbst spricht, hat einen großen Einfluss auf ihr Selbstwertgefühl und das Ausmaß des Überdenkens, das sie täglich erlebt. Der innere Dialog ist die innere Stimme, die jede Handlung, jede Entscheidung oder jeden Gedanken kommentiert, beurteilt, analysiert und oft kritisiert. Für diejenigen, die unter übermäßigem Nachdenken leiden, ist diese Stimme oft starr, negativ und hyperkritisch und schafft ein mentales Umfeld, in dem Unsicherheit und Zweifel tief verwurzelt sind. Zu lernen, Selbstgespräche vom Feind in einen Verbündeten zu verwandeln, ist einer der grundlegenden Schlüssel, um mehr Selbstvertrauen aufzubauen und übermäßiges Nachdenken zu reduzieren.

Viele sind sich nicht bewusst, wie sehr ihr innerer Dialog ihren Gemütszustand und ihre Entscheidungen beeinflusst. Wenn eine Person ständig Sätze wie "Ich bin nicht gut genug", "Ich mache immer alles falsch" oder "Andere sind besser als ich" vor sich hin wiederholt, wird sie sich am Ende selbst überzeugen und einen Teufelskreis schaffen, in dem Unsicherheit übermäßiges Denken nährt, was wiederum die Unsicherheit verstärkt. Dieser Prozess findet größtenteils auf einer unbewussten Ebene statt, aber sobald du dir deiner Selbstgespräche bewusst wirst, kannst du beginnen, sie zu ändern.

Der erste Schritt, um deine Selbstgespräche zu transformieren, besteht darin, selbstsabotierende Gedanken zu identifizieren. Diejenigen, die unter übermäßigem Nachdenken leiden, erkennen oft nicht, wie schwer es für sie selbst ist. Eine gute Übung ist es, sich einen Moment Zeit zu nehmen, um die häufigsten Gedanken aufzuschreiben, die Ihnen in den Sinn kommen, wenn Sie mit einer schwierigen Situation konfrontiert sind.

Diese Gedanken können negative Selbstbewertungsmuster und Ängste offenbaren, die zum Überdenken anregen.

Einige häufige Beispiele für selbstsabotierende Gedanken sind:

1. "Wenn ich einen Fehler mache, werden andere denken, dass ich nicht fähig bin."
2. "Ich kann nicht scheitern, sonst beweise ich, dass ich wertlos bin."
3. "Wenn mir jemand nicht sofort antwortet, bedeutet das, dass ich etwas Falsches gesagt habe."
4. "Ich bin nicht interessant oder klug genug, um geschätzt zu werden."

Sobald Sie diese Gedanken identifiziert haben, besteht der nächste Schritt darin, sie zu hinterfragen. Oft basieren negative Selbstgespräche auf irrationalen oder verzerrten Glaubenssätzen. Wunder:

1. **Beruht dieser Gedanke auf konkreten Fakten oder ist es nur meine Interpretation?**
2. **Gibt es objektive Beweise dafür, dass dieser Gedanke wahr ist?**
3. **Sehe ich die Situation ausgewogen oder übertreibe ich das Negative?**
4. **Wenn ein Freund den gleichen Gedanken über sich selbst hätte, was würde ich ihm sagen?**

Diese Fragen helfen, den Fluss des Überdenkens zu durchbrechen und eine ausgewogenere Perspektive zu entwickeln. Oft sind negative Gedanken automatisch und wiederholen sich, aber sobald du anfängst, sie in Frage zu stellen, verlieren sie einen Teil ihrer Kraft.

Ein weiterer wichtiger Schritt besteht darin, selbstsabotierende Gedanken durch konstruktivere Affirmationen zu ersetzen. Es geht nicht darum, sich zu zwingen, unrealistisch oder übertrieben positiv zu denken, sondern darum, realistischere und ermutigendere Alternativen zu finden. Zum Beispiel:

1. Anstatt zu sagen: "Wenn ich einen Fehler mache, werden andere denken, dass ich unfähig bin", kannst du sagen: "Jeder macht Fehler. Das definiert nicht meinen Wert, aber es ist eine Gelegenheit zu lernen."
2. Anstatt zu sagen: "Ich kann nicht scheitern, sonst beweise ich, dass ich wertlos bin", kannst du denken: "Scheitern ist Teil des

Wachstums. Selbst erfolgreiche Menschen haben Schwierigkeiten gehabt."

3. Anstatt zu sagen: "Wenn sich jemand nicht sofort bei mir meldet, bedeutet das, dass ich etwas Falsches gesagt habe", kannst du sagen: "Menschen haben ihre eigenen Zeitpläne und Gedanken. Ihr Schweigen hat nicht unbedingt etwas mit mir zu tun."

Das Training in transformativen Selbstgesprächen braucht Zeit und Beständigkeit. Um diesen Prozess zu erleichtern, ist es eine nützliche Übung, ein Gedankentagebuch zu führen, jeden Tag die am häufigsten wiederkehrenden Gedanken aufzuschreiben und zu versuchen, sie ausgewogener umzuschreiben. Dies hilft Ihnen, sich wiederholende Muster zu erkennen und ein größeres Bewusstsein für Ihre eigene Denkweise zu entwickeln.

Ein weiterer grundlegender Aspekt zur Verbesserung von Selbstgesprächen ist das Üben von Selbstmitgefühl. Viele Menschen, die unter übermäßigem Nachdenken leiden, sind extrem kritisch mit sich selbst, aber freundlich und verständnisvoll gegenüber anderen. Wenn du einen Fehler machst, kannst du, anstatt dich mental zu beleidigen, versuchen, dich selbst mit der gleichen Freundlichkeit zu behandeln, wie du einen Freund behandeln würdest. Selbstmitgefühl bedeutet nicht, jedes Verhalten zu rechtfertigen, sondern zu erkennen, dass niemand perfekt ist und dass man sich verbessern kann, ohne übermäßig man selbst zu sein.

Die Umgebung, in der du lebst, beeinflusst auch deinen inneren Dialog. Wenn man von Menschen umgeben ist, die negativ oder kritisch eingestellt sind oder ständig ihre Fähigkeiten in Frage stellen, ist es schwieriger, einen positiven inneren Dialog zu entwickeln. Sich des Einflusses von außen bewusst zu sein und, wenn möglich, mehr Zeit mit Menschen zu verbringen, die ihn ermutigen und unterstützen, trägt dazu bei, eine ausgeglichenere Denkweise zu stärken.

Eine weitere effektive Methode, um negative Selbstgespräche zu reduzieren, besteht darin, Dankbarkeit zu üben. Oft führt das Überdenken dazu, dass man sich auf das konzentriert, was fehlt oder was schief gehen könnte, aber den Geist zu trainieren, um die positiven Aspekte des eigenen Lebens zu erkennen, hilft, die Perspektive wieder ins Gleichgewicht zu bringen. Wenn du es dir zur Gewohnheit machst, jeden Tag drei Dinge aufzuschreiben, für die du dankbar bist, kann das einen erheblichen Einfluss darauf haben, wie du dich selbst und die Welt wahrnimmst.

Schließlich ist es wichtig, sich daran zu erinnern, dass Selbstgespräche eine Entscheidung sind. Auch wenn es anfangs schwierig erscheinen mag, dein Denken zu ändern, kannst du mit etwas Übung eine freundlichere, ermutigender und konstruktivere innere Stimme entwickeln. Das Gehirn ist plastisch und kann umerzogen werden: Je mehr du daran arbeitest, deinen inneren Dialog zu transformieren, desto automatischer und natürlicher wird dieser Prozess.

Zu lernen, positiv mit sich selbst zu sprechen, bedeutet nicht, Schwierigkeiten zu ignorieren, sondern ihnen mit einer ausgeglicheneren und widerstandsfähigeren Denkweise zu begegnen. Wenn Sie durch gesündere Selbstgespräche weniger nachdenken, können Sie Entscheidungen mit größerem Selbstvertrauen treffen, Beziehungen mit weniger Ängsten führen und sich gelassener und unter Kontrolle über Ihr Leben fühlen. Die Stimme des Geistes muss kein Feind sein, aber sie kann ein mächtiger Verbündeter für persönliches Wachstum und den Aufbau eines soliden und dauerhaften Selbstwertgefühls werden

6.2 – Die Angst vor dem Urteil und ihre Auswirkungen auf das Überdenken

Die Angst vor dem Urteil anderer Menschen ist eine der Hauptursachen für übermäßiges Nachdenken. Diejenigen, die unter übermäßigem Nachdenken leiden, neigen dazu, sich Sorgen darüber zu machen, wie sie von anderen wahrgenommen werden, und analysieren jedes Wort, jede Geste oder jedes Verhalten, um Kritik oder Missbilligung zu vermeiden. So entsteht ein Teufelskreis, in dem Unsicherheit zu viel Nachdenken nährt, was wiederum die Angst verstärkt, nicht akzeptiert zu werden.

Das Problem ergibt sich aus der Notwendigkeit einer Genehmigung. Von klein auf lernen wir, Bestätigung von außen zu suchen, um uns sicher zu fühlen, aber wenn dieses Bedürfnis übermäßig wird, führt es zu einer kontinuierlichen Selbstanalyse und einem Mangel an Authentizität in Beziehungen. Jede Interaktion wird zu einer Quelle von Stress, und der Kopf ist gefüllt mit Fragen wie: "Habe ich das Richtige gesagt?", "Was werden sie von mir denken?", "Haben sie mich negativ beurteilt?".

Um diese Angst abzubauen, ist es unerlässlich, die Perspektive zu wechseln. Zunächst einmal musst du akzeptieren, dass du es nicht allen recht machen kannst. Menschen haben unterschiedliche Meinungen und sind oft mehr auf sich selbst fokussiert als auf andere. Viele der Urteile, die ihr fürchtet, existieren nur in eurem eigenen Verstand.

Ein weiterer wichtiger Schritt besteht darin, zu lernen, externen Meinungen weniger Bedeutung beizumessen. Der eigene Wert sollte nicht davon abhängen, was andere denken, sondern von persönlichen Kriterien. Wenn du dich fragst: "Beeinflusst diese Meinung wirklich mein Leben?", hilft das, das Gewicht des Urteils anderer zu verringern.

Schließlich ist die Entwicklung von Authentizität der Schlüssel, um sich vom übermäßigen Nachdenken zu befreien. Du selbst zu sein, ohne zu versuchen, dich den Erwartungen anderer anzupassen, reduziert Ängste und ermöglicht es dir, leichter zu leben. Je mehr Authentizität praktiziert wird, desto weniger wird man das Bedürfnis verspüren, jedes Detail zu analysieren, aus Angst vor Urteilen.

6.3 – Bauen Sie Selbstvertrauen auf, um weniger zu viel nachzudenken

Zu viel nachzudenken ist oft das Ergebnis eines geringen Selbstvertrauens. Wenn eine Person kein Vertrauen in ihre Fähigkeiten hat, wird jede Entscheidung zu einer Quelle von Angst und Unentschlossenheit. Du verbringst Stunden damit, über deine Optionen nachzudenken, jedes Detail und jede mögliche Konsequenz zu analysieren, mit der ständigen Angst, die falsche Wahl zu treffen. Dieser Kreislauf führt zu Entscheidungslähmung und geistiger Erschöpfung, ohne wirklichen Nutzen. Um dieses Muster zu durchbrechen, ist es wichtig, an seinem Selbstvertrauen zu arbeiten, zu lernen, an seine Fähigkeiten zu glauben und Situationen mit mehr Selbstvertrauen zu begegnen.

Der Zusammenhang zwischen Vertrauen und übermäßigem Denken

Menschen mit geringem Selbstwertgefühl verlassen sich oft zu sehr auf das Urteil anderer, um ihre Entscheidungen zu bestätigen. Dies führt zu chronischer Unsicherheit, die den Geist dazu bringt, über jede Handlung nachzudenken, um Fehler oder Kritik zu vermeiden. Das Problem ist, dass diese Strategie nie zu absoluter Gewissheit führt. Im Gegenteil, je mehr man eine Situation analysiert, desto mehr Zweifel und Ängste tauchen auf, die es schwierig machen, Entscheidungen in Ruhe zu treffen.

Wenn du Selbstvertrauen hast, verliert das übermäßige Nachdenken an Kraft, weil du nicht mehr ständig nach Bestätigung suchen musst. Der selbstbewusste Mensch weiß, dass er sich jeder Situation stellen kann, unabhängig vom Ausgang. Dies reduziert Ängste und ermöglicht es Ihnen, Entscheidungen schneller und effektiver zu treffen.

Schritte, um Selbstvertrauen zu entwickeln

Selbstvertrauen ist nicht etwas, mit dem man geboren wird, sondern eine Qualität, die sich mit der Zeit und Übung entwickelt. Hier sind einige Strategien, um es zu stärken und übermäßiges Nachdenken zu reduzieren.

Anerkennung Ihrer Erfolge

Viele Menschen mit geringem Selbstwertgefühl neigen dazu, ihre Erfolge zu ignorieren oder zu minimieren und sich nur auf Fehler zu konzentrieren. Dies verstärkt den Glauben, dass wir nicht fähig genug sind, und schürt das Überdenken. Wenn du dir die Zeit nimmst, deine Errungenschaften anzuerkennen, auch die kleinen, kannst du ein positiveres Bild von dir selbst aufbauen. Eine nützliche Übung ist es, ein Erfolgstagebuch zu führen und jeden Tag drei Dinge aufzuschreiben, die Sie gut gemacht haben.

Handeln trotz Angst

Einer der Hauptgründe, warum Menschen über Entscheidungen nachdenken, ist die Angst, Fehler zu machen. Wachstum geschieht jedoch durch Handeln, nicht durch endlose Analysen. Jedes Mal, wenn du dich einer Situation stellst, ohne darauf zu warten, dass du dich völlig sicher fühlst, baust du Vertrauen in deine Fähigkeiten auf. Selbst kleine Handlungen, wie das öffentliche Reden oder die Meinungsäußerung ohne Angst vor Verurteilung, tragen dazu bei, inneres Selbstvertrauen aufzubauen.

Hören Sie auf, nach Perfektion zu streben

Perfektionismus ist eine der Hauptursachen für zu viel Nachdenken. Wer glaubt, alles fehlerfrei machen zu müssen, analysiert am Ende jedes Detail, verzögert Entscheidungen und steigert die Angst. Zu akzeptieren, dass Perfektion unerreichbar ist und dass es wichtig ist, sein Bestes zu geben, hilft, Druck abzubauen und das Selbstvertrauen zu stärken.

Herausforderungen Schritt für Schritt angehen

Das Selbstvertrauen wächst, wenn du dir selbst beweist, dass du in der Lage bist, mit Schwierigkeiten umzugehen. Anstatt zu versuchen, alles auf einmal zu ändern, ist es effektiver, kleine, alltägliche Herausforderungen anzugehen. Wenn Sie zum Beispiel Angst davor haben, in der Öffentlichkeit zu sprechen, können Sie damit beginnen, kleine Interventionen in Besprechungen oder Gruppengesprächen vorzunehmen. Mit der Zeit wird das Selbstvertrauen natürlich zunehmen.

Selbstgespräche ändern
Die Art und Weise, wie du mit dir selbst sprichst, wirkt sich direkt auf dein Selbstvertrauen aus. Wenn das Selbstgespräch voller Kritik und Zweifel ist, wird es schwierig sein, sich sicher zu fühlen. Anstatt zu denken: "Ich kann das nicht machen", kannst du sagen: "Ich kann es versuchen und sehen, wie es läuft." Die Änderung der internen Sprache hilft, eine positivere und proaktivere Einstellung aufzubauen.

Scheitern als Teil der Reise akzeptieren
Selbstbewusste Menschen haben keine Angst vor dem Scheitern, weil sie wissen, dass jeder Fehler eine Chance für Wachstum ist. Diejenigen, die unter übermäßigem Nachdenken leiden, haben hingegen so viel Angst davor, Fehler zu machen, dass sie es vermeiden, Maßnahmen zu ergreifen. Wenn Sie Ihre Perspektive auf das Scheitern ändern, können Sie diese Angst abbauen und eine widerstandsfähigere Denkweise entwickeln.

Vermeiden Sie den Vergleich mit anderen
Einer der häufigsten Fehler ist es, das eigene Selbstwertgefühl zu messen, indem man sich mit anderen vergleicht. Soziale Medien und gesellschaftliche Erwartungen erzeugen oft ein unrealistisches Bild von Erfolg und Perfektion, was dazu führt, dass sich viele Menschen unzulänglich fühlen. Wenn du dich auf deinen eigenen Fortschritt konzentrierst, anstatt dich mit anderen zu vergleichen, hilft das, dein Selbstvertrauen aufzubauen.

Positive Beziehungen aufbauen
Die Menschen, mit denen du Zeit verbringst, beeinflussen, wie du dich selbst wahrnimmst. Von kritischen oder negativen Menschen umgeben zu sein, kann das Selbstvertrauen untergraben und zum Überdenken führen. Der Versuch, Beziehungen zu Menschen aufzubauen, die dich ermutigen und unterstützen, hilft dir, ein positiveres Selbstbild zu entwickeln.

Machen Sie neue Erfahrungen

Das Selbstvertrauen wächst, wenn man seine Komfortzone verlässt. Neue Erfahrungen auszuprobieren, neue Fähigkeiten zu erlernen und mit ungewohnten Situationen umzugehen, hilft, das Selbstvertrauen zu stärken. Jedes Mal, wenn Sie eine Herausforderung meistern, registriert Ihr Gehirn, dass Sie in der Lage sind, mit neuen Situationen umzugehen, wodurch die Notwendigkeit, alles im Detail zu analysieren, reduziert wird.

Nehmen Sie sich Zeit für geistiges und körperliches Wohlbefinden

Selbstfürsorge ist entscheidend für das Selbstbewusstsein. Sport, guter Schlaf und Aktivitäten, die Freude bereiten, helfen Ihnen, das geistige Gleichgewicht zu bewahren und sich stärker und selbstbewusster zu fühlen.

Selbstvertrauen ist eine Fähigkeit, die mit Zeit und Übung aufgebaut wird. Jeder kleine Schritt hin zu mehr Sicherheit hilft, weniger nachzudenken und leichter zu leben. Anstatt zu warten, bis Sie sich bereit oder perfekt fühlen, ist es wichtig, Maßnahmen zu ergreifen, Fehler als Teil der Reise zu akzeptieren und sich auf den Fortschritt zu konzentrieren. Mit der Zeit wird das Bedürfnis, jedes Detail zu analysieren, abnehmen und es entwickelt sich ein inneres Vertrauen, das es Ihnen ermöglicht, dem Leben mit mehr Gelassenheit und Entschlossenheit zu begegnen.

Kapitel: 7 – Die Verbindung zwischen Körper und Geist: Die Rolle des Lebensstils bei der Reduzierung von Überdenken

Übermäßiges Nachdenken wird oft als rein mentales Problem angesehen, aber in Wirklichkeit spielt der Körper eine grundlegende Rolle bei der Art und Weise, wie wir Gedanken und Emotionen verarbeiten. Die Verbindung zwischen Körper und Geist ist so eng, dass tägliche Gewohnheiten wie Essen, körperliche Aktivität und Schlaf die Neigung zum übermäßigen Grübeln direkt beeinflussen können. Um das Überdenken effektiv zu reduzieren, ist es wichtig, einen Lebensstil anzunehmen, der das psychische Wohlbefinden fördert, den Stresspegel wieder ins Gleichgewicht bringt und die Fähigkeit zum Umgang mit Emotionen verbessert.

Einer der am meisten übersehenen Aspekte, wenn es um das Überdenken geht, ist die Rolle des Nervensystems. Das Gehirn ist keine vom Körper getrennte Einheit: Die Art und Weise, wie Sie sich um Ihre körperliche Gesundheit kümmern, wirkt sich direkt auf Ihre kognitiven und emotionalen Funktionen aus. Ein Zustand chronischen Stresses zum Beispiel hält das Gehirn in einem ständigen Zustand der Wachsamkeit, hindert den Geist daran, sich zu entspannen und den kontinuierlichen Gedankenfluss zu befeuern. Das liegt daran, dass übermäßiges Nachdenken oft eine automatische Reaktion auf ein überaktiviertes Nervensystem ist.

Ein grundlegendes Element, um den Geist wieder ins Gleichgewicht zu bringen, ist körperliche Aktivität. Bewegung ist nicht nur eine Möglichkeit, fit zu bleiben, sondern auch ein wirksames Instrument, um Ängste abzubauen und die emotionale Regulation zu verbessern. Körperliche Bewegung setzt Endorphine und Serotonin frei, Neurotransmitter, die das Wohlbefinden fördern und Stress abbauen. Studien zeigen, dass bereits 30 Minuten Spaziergang pro Tag den Spiegel des Stresshormons Cortisol deutlich senken und einen ruhigeren, klareren Geist fördern können. Darüber hinaus hilft körperliche Aktivität, den Kreislauf des Überdenkens zu durchbrechen, da sie die Aufmerksamkeit vom Denken auf den Körper verlagert und eine größere Verbindung mit der Gegenwart fördert.

Die Ernährung wirkt sich auch auf die geistige Aktivität aus. Einige Lebensmittel können Angstzustände und geistige Hyperaktivierung fördern, während andere helfen, die Stimmung zu stabilisieren und die Konzentration zu verbessern. Ein übermäßiger Konsum von raffiniertem

Zucker und Koffein kann zum Beispiel das Gefühl der Unruhe verstärken und es schwieriger machen, die Gedanken zu kontrollieren. Im Gegensatz dazu unterstützen Lebensmittel, die reich an Magnesium, Omega-3 und B-Vitaminen sind, das Nervensystem und verbessern die psychische Widerstandsfähigkeit. Die Aufnahme von Lebensmitteln wie Nüssen, fettem Fisch, Blattgemüse und Vollkornprodukten in Ihre Ernährung trägt dazu bei, ein stabiles Energieniveau aufrechtzuerhalten und das Risiko von Stimmungsschwankungen zu verringern, die obsessives Denken fördern können.

Eine weitere grundlegende Säule, um übermäßiges Nachdenken zu reduzieren, ist der Schlaf. Ein Mangel an ausreichender Ruhe macht das Gehirn anfälliger für Grübeln, senkt die Stresstoleranzschwelle und verringert die Fähigkeit, klare Entscheidungen zu treffen. Während des Schlafs verarbeitet das Gehirn die Informationen des Tages und stärkt die neuronalen Schaltkreise, die mit der emotionalen Regulation verbunden sind. Wenn Sie wenig oder schlecht schlafen, hat Ihr Geist Schwierigkeiten, Ihre Gedanken ausgewogen zu steuern, und wird anfälliger für Angstzustände. Die Schaffung einer entspannenden Abendroutine, die Reduzierung der Nutzung elektronischer Geräte vor dem Schlafengehen und die Gewährleistung ausreichender Ruhestunden sind wichtige Strategien, um ein klareres, weniger obsessives Denken zu fördern.

Auch Atmung und Körperwahrnehmung können wirksame Werkzeuge sein, um dem Überdenken entgegenzuwirken. Tiefenatmungstechniken wie die 4-7-8-Methode (4 Sekunden einatmen, 7 Sekunden halten, 8 ausatmen) helfen, das Nervensystem zu beruhigen und die geistige Hyperaktivität zu reduzieren. Achtsamkeit und Meditation sind gleichermaßen wirksam, wenn es darum geht, die Aufmerksamkeit zurück in die Gegenwart zu bringen und zu verhindern, dass sich der Geist in einem Wirbelsturm sich wiederholender Gedanken verliert.

Neben den körperlichen Aspekten hat auch die Umgebung, in der Sie leben, einen Einfluss auf den Geist. Ein überfüllter und chaotischer Raum kann Gefühle von Stress und geistiger Verwirrung verstärken, während eine aufgeräumte und harmonische Umgebung mehr Klarheit und Ruhe fördert. Wenn Sie sich um Ihren Wohnraum kümmern, Überflüssiges eliminieren und eine entspannende Atmosphäre mit neutralen Farben, Pflanzen und natürlichem Licht schaffen, können Sie dazu beitragen, die geistige Überlastung zu reduzieren.

Ein weiteres Element, das oft unterschätzt wird, ist die Qualität der sozialen Interaktionen. Zu viel Zeit mit negativen oder kritischen Menschen zu verbringen, kann das Maß an Stress und Unsicherheit erhöhen und zum Überdenken führen. Im Gegenteil, der Aufbau gesunder Beziehungen und das Umgeben mit positiven und unterstützenden Menschen hilft, eine ausgeglichenere Denkweise zu entwickeln und die Neigung zum Grübeln zu verringern.

Schließlich ist es wichtig, sich daran zu erinnern, dass die Art und Weise, wie Sie Ihre Zeit einteilen, Einfluss darauf hat, wie viele Gedanken Sie erzeugen. Wenn Sie ständig beschäftigt und unter Druck stehen, hat Ihr Geist Schwierigkeiten, Momente zum Innehalten und Entspannen zu finden, was das Risiko erhöht, zu viel nachzudenken. Die Schaffung von Dekompressionsräumen im Laufe des Tages, die Teilnahme an Aktivitäten, die die Entspannung fördern, und das Finden von Momenten der Stille helfen, den Gedankenfluss wieder ins Gleichgewicht zu bringen. Letztendlich hängt das psychische Wohlbefinden nicht nur von der Art und Weise ab, wie Sie denken, sondern auch von Ihren täglichen Gewohnheiten und der Art und Weise, wie Sie sich um sich selbst kümmern. Übermäßiges Nachdenken ist keine Verurteilung, sondern ein Zustand, der durch bewusste Entscheidungen, die ein Gleichgewicht zwischen Körper und Geist begünstigen, verändert werden kann. Einen gesunden Lebensstil anzunehmen, auf seine Emotionen zu achten und einen gelasseneren mentalen Raum zu schaffen, hilft, die Last des obsessiven Denkens zu reduzieren und mit mehr Leichtigkeit und Klarheit zu leben.

7.1 – Die Rolle körperlicher Aktivität bei der Verringerung des Überdenkens

Körperliche Aktivität ist nicht nur ein Mittel, um den Körper gesund zu halten, sondern auch ein wirksames Mittel, um den Geist zu beruhigen und übermäßiges Nachdenken zu reduzieren. Der Zusammenhang zwischen körperlicher Bewegung und geistigem Wohlbefinden wurde durch wissenschaftliche Untersuchungen weithin nachgewiesen: Die Bewegung des Körpers hilft, den Geist von Zwangsgedanken zu befreien, Stress abzubauen und die Konzentrationsfähigkeit zu verbessern.

Nachdenkende Menschen leben oft in einem Zustand ständiger Anspannung, mit einem überaktiven Gehirn und einem Körper, der Stress anhäuft, ohne ihn abzubauen. Dieser Zustand geistiger Hyperaktivierung hält das Nervensystem in einem "Alarm"-Modus und verhindert, dass sich der Geist entspannt. Körperliche Aktivität wirkt direkt auf diesen Mechanismus und hilft, das Nervensystem wieder ins Gleichgewicht zu bringen und die Neigung zum Wiederkäuen zu verringern.

Wie Bewegung Ihr Gehirn und Ihren Geist beeinflusst

Körperliche Aktivität stimuliert die Produktion von Neurotransmittern wie Serotonin und Dopamin, Chemikalien, die für das emotionale Wohlbefinden unerlässlich sind. Diese Neurotransmitter helfen, die Stimmung zu verbessern, Angstzustände abzubauen und ein Gefühl der inneren Ruhe zu fördern. Darüber hinaus senkt Bewegung den Cortisolspiegel, das Stresshormon, das bei Menschen, die unter übermäßigem Nachdenken leiden, oft erhöht ist.

Darüber hinaus hilft Bewegung, den Fokus der Aufmerksamkeit zu verändern. Wenn der Körper körperlich aktiv ist, ist der Geist gezwungen, sich auf die Gegenwart, auf die körperlichen Empfindungen und auf die Atmung zu konzentrieren. Diese Verschiebung des Fokus durchbricht den Kreislauf des Überdenkens und hilft Ihnen, ein größeres Bewusstsein für den gegenwärtigen Moment zu entwickeln.

Welche Arten von körperlicher Aktivität sind am effektivsten?

Nicht alle Übungen haben die gleiche Wirkung auf das Überdenken. Bestimmte Aktivitäten sind besonders hilfreich, um den Geist zu beruhigen und das Nervensystem wieder ins Gleichgewicht zu bringen.

1. Aerobic-Aktivitäten (Laufen, zügiges Gehen, Schwimmen, Radfahren)
2. Sie erhöhen die Durchblutung des Gehirns und verbessern die geistige Klarheit.
3. Sie stimulieren die Produktion von Endorphinen und reduzieren Angstzustände und geistiges Grübeln.
4. Sie fördern eine tiefere, regelmäßigere Atmung, was zur Beruhigung des Nervensystems beiträgt.

Yoga und Pilates

1. Sie verbessern die Verbindung zwischen Geist und Körper und erhöhen das Bewusstsein für die Gegenwart.
2. Sie fördern die Entspannung und reduzieren Muskelverspannungen.

3.   Sie lehren Atemtechniken, die helfen, den Gedankenfluss zu beruhigen.

Kraftübungen und Kraftsport

1.   Sie erfordern Konzentration und helfen, die Aufmerksamkeit vom Überdenken auf konkretes Handeln zu lenken.
2.   Sie verbessern die Wahrnehmung der Kontrolle über den eigenen Körper, erhöhen das Selbstwertgefühl und reduzieren Angstzustände.
3.   Outdoor-Aktivitäten (Wandern, Spaziergänge in der Natur, Gartenarbeit)

4.   Der Kontakt mit der Natur wirkt beruhigend auf den Geist, reduziert Stress und geistige Überlastung.
5.   Wenn Sie sich natürlichem Licht aussetzen, fördert dies die Produktion von Serotonin, verbessert die Stimmung und die emotionale Stabilität.

Wie man körperliche Aktivität in den Alltag integriert

Um das Überdenken effektiv zu reduzieren, sollte körperliche Aktivität zu einer regelmäßigen Praxis werden. Sie müssen kein intensives Programm absolvieren – selbst kleine Änderungen des Lebensstils können einen erheblichen Einfluss auf Ihr psychisches Wohlbefinden haben.

1.   Gehen Sie jeden Tag mindestens 30 Minuten spazieren, vorzugsweise in einer natürlichen Umgebung.
2.   Wählen Sie angenehme Aktivitäten, damit Bewegung nicht zur Pflicht wird, sondern zu einem Moment des Vergnügens und der Entspannung.
3.   Nutze körperliche Aktivität als geistige Pause, wie z. B. Dehnübungen oder einen kurzen Spaziergang, wenn du das Gefühl hast, dass das Überdenken die Oberhand gewinnt.
4.   Experimentieren Sie mit verschiedenen Bewegungsformen, um diejenige zu finden, die Ihren Bedürfnissen und Vorlieben am besten entspricht.

Körperliche Aktivität ist eine der natürlichsten und effektivsten Methoden, um übermäßiges Nachdenken zu reduzieren und das geistige Wohlbefinden zu verbessern. Wenn Sie Ihren Körper bewegen, können Sie den Fluss sich wiederholender Gedanken stoppen, Ängste abbauen und die Stimmung verbessern. Wenn Sie sich dafür entscheiden,

Bewegung in Ihren Alltag zu integrieren, können Sie ein größeres Bewusstsein für die Gegenwart entwickeln und einen ausgeglicheneren und gelasseneren Geist fördern.

7.2 – Die Rolle der Ernährung beim Überdenken: Ernährung des Geistes für mehr geistige Klarheit

Die Ernährung hat einen erheblichen Einfluss auf die Gehirnfunktion und die Tendenz, zu viel nachzudenken. Was Sie essen, beeinflusst Ihre Gehirnchemie, Ihr Energieniveau und Ihre Fähigkeit, Stress zu bewältigen. Eine unausgewogene Ernährung kann Angstzustände, Reizbarkeit und geistige Verwirrung verstärken, während eine ausgewogene Ernährung ein klareres Denken und eine größere emotionale Stabilität fördern kann.

Wie sich die Ernährung auf dein Gehirn und deine Gedanken auswirkt

Das Gehirn ist ein sehr energieintensives Organ: Es verbraucht etwa 20 % der gesamten Energie des Körpers. Wenn es nicht ausreichend Nährstoffe erhält, kann seine Funktion beeinträchtigt werden, was zu Konzentrationsschwierigkeiten, erhöhter Angst und sich wiederholenden Gedanken führt. Einige Lebensmittel können Zustände geistiger Hyperaktivierung fördern, während andere helfen, das Nervensystem zu beruhigen.

Übermäßiges Nachdenken ist oft mit einer übermäßigen Aktivität im präfrontalen Kortex verbunden, dem Teil des Gehirns, der für die Analyse und Argumentation verantwortlich ist. Bestimmte Lebensmittel helfen, diese Aktivität wieder ins Gleichgewicht zu bringen, indem sie die emotionale Regulation und die Fähigkeit, Stress zu bewältigen, verbessern.

Lebensmittel, die die geistige Klarheit fördern und das Überdenken reduzieren

Omega-3 (fetter Fisch, Leinsamen, Walnüsse, Algen)

- Sie verbessern die Gehirnfunktion und die Kommunikation zwischen Neuronen.
- Sie fördern eine stabile Stimmung und reduzieren Angstzustände.

Magnesium (Spinat, Mandeln, Bananen, dunkle Schokolade, Kürbiskerne)

- Es baut Stress ab und fördert die Muskelentspannung.
- Es reguliert die Aktivität des Nervensystems und hilft, übermäßiges Nachdenken zu reduzieren.

B-Vitamine (Eier, Hülsenfrüchte, Vollkornprodukte, Milchprodukte)

- Sie verbessern die Produktion von Neurotransmittern, die mit dem Wohlbefinden verbunden sind, wie z. B. Serotonin.
- Sie helfen, die Stimmung zu stabilisieren und die Konzentration zu verbessern.

Antioxidantien (Beeren, grüner Tee, reiner Kakao, Blattgemüse)

- Sie schützen das Gehirn vor oxidativem Stress und reduzieren neuronale Entzündungen.
- Sie verbessern das Gedächtnis und die geistige Klarheit.

Hochwertige Proteine (Huhn, Fisch, Hülsenfrüchte, Tofu, Eier)

- Sie liefern essenzielle Aminosäuren für die Produktion von Dopamin und Serotonin.
- Sie helfen, das mentale Energieniveau stabil zu halten.

Wasser und ausreichende Flüssigkeitszufuhr

- Dehydrierung kann zu Gehirnnebel und kognitiven Schwierigkeiten führen.
- Ausreichend Wasser zu trinken, verbessert die Gehirnfunktion und die Fähigkeit, Stress zu bewältigen.

Lebensmittel, die Sie vermeiden sollten, um übermäßiges Nachdenken zu reduzieren

Raffinierter Zucker und hochverarbeitete Lebensmittel

- Sie verursachen Energiespitzen, gefolgt von plötzlichen Abfallerscheinungen, die die Reizbarkeit und geistige Verwirrung erhöhen.
- Sie begünstigen Angstzustände und emotionale Ungleichgewichte.

Überschüssiges Koffein (Kaffee, Energy Drinks, schwarzer Tee in großen Mengen)

- Es kann das Nervensystem überstimulieren, was es schwieriger macht, den Geist zu beruhigen.
- Es erhöht die Produktion von Cortisol, dem Stresshormon.

Alkohol und alkoholische Getränke

- Sie wirken sich negativ auf die Schlafqualität aus, verschlimmern Angstzustände und übermäßiges Nachdenken.
- Sie können den Serotoninspiegel verändern und so die emotionale Regulation erschweren.

Lebensmittel mit Mononatriumglutamat und künstlichen Konservierungsstoffen

- Sie können das Nervensystem beeinträchtigen und die Reizbarkeit erhöhen.
- Sie fördern Entzündungen des Gehirns, die die Konzentration verschlechtern.

Strategien für eine Ernährung, die einen ruhigeren Geist fördert

- Ernähren Sie sich ausgewogen mit Mahlzeiten, die reich an Proteinen, komplexen Kohlenhydraten und gesunden Fetten sind.
- Essen Sie regelmäßig, um Blutzuckerabfälle zu vermeiden, die die Stimmung und Angstzustände beeinträchtigen können.
- Reduzieren Sie allmählich Stimulanzien wie Koffein und Zucker und ersetzen Sie sie durch gesündere Alternativen.
- Nehmen Sie achtsame Mahlzeiten zu sich und vermeiden Sie es, in Eile oder vor Bildschirmen zu essen, um die Verdauung und das geistige Wohlbefinden zu verbessern.

Die Ernährung spielt eine Schlüsselrolle bei der Bewältigung von Überdenken. Die Versorgung Ihres Gehirns mit den richtigen Nährstoffen hilft, Ihre Stimmung zu stabilisieren, Stress abzubauen und Ihre Konzentrationsfähigkeit zu verbessern. Eine ausgewogenere Ernährung fördert nicht nur einen klareren und gelasseneren Geist, sondern hilft auch, den Kreislauf des Überdenkens zu durchbrechen und das allgemeine Wohlbefinden zu verbessern

7.3 – Schlaf und seine Auswirkungen auf das Überdenken: Den Geist entspannen, um wieder Klarheit zu gewinnen

Schlaf ist eines der wichtigsten Elemente, um einen klaren Kopf zu bewahren und übermäßiges Nachdenken zu reduzieren. Wenn Sie nicht genug Schlaf bekommen, wird Ihr Gehirn anfälliger für Angstzustände, sich wiederholende Gedanken und Schwierigkeiten, klare Entscheidungen zu treffen. Eine Nachtruhe ermöglicht es dem Geist, Informationen neu zu organisieren, Emotionen zu verarbeiten und die mentale Energie zurückzugewinnen, die notwendig ist, um den Tag zu bewältigen.

Wer unter übermäßigem Nachdenken leidet, neigt oft zu Schlafproblemen. Der Geist verarbeitet die Gedanken auch dann weiter, wenn der Körper müde ist, was eine tiefe Entspannung verhindert. Dies kann zu Einschlafstörungen, häufigem nächtlichem Erwachen und schlechter Schlafqualität führen. Schlafentzug wiederum verschlimmert das übermäßige Nachdenken und schafft einen Teufelskreis, in dem der Geist zunehmend hyperaktiv wird und weniger in der Lage ist, mit Stress umzugehen.

Wie Schlaf Ihren Geist und Ihr Überdenken beeinflusst

Das Gehirn braucht einen tiefen, erholsamen Schlaf, um optimal zu funktionieren. Während der Nachtruhe finden mehrere grundlegende Prozesse statt:

- **Verarbeitung von Emotionen: Schlaf** hilft, die Aktivität der Amygdala zu regulieren, dem Bereich des Gehirns, der für emotionale Reaktionen verantwortlich ist. Wenn es an Schlaf mangelt, werden negative Emotionen intensiver und schwieriger zu bewältigen, was zu obsessivem Denken führt.
- **Gedächtniskonsolidierung:** Das Gehirn verarbeitet die Informationen des Tages neu und organisiert sie klarer. Unzureichender Schlaf beeinträchtigt diesen Prozess und erhöht die geistige Verwirrung und die Tendenz, über vergangene Ereignisse nachzudenken.
- **Regulation der Neurotransmitter:** Serotonin und Dopamin, die für das psychische Wohlbefinden unerlässlich sind, werden im Schlaf wieder ins Gleichgewicht gebracht. Wenig Schlaf reduziert ihre Produktion und erhöht das Risiko von Angstzuständen und Depressionen.

Strategien zur Verbesserung der Schlafqualität und zur Reduzierung von Überdenken

Die Verbesserung der Schlafqualität kann dazu beitragen, weniger zu viel nachzudenken und einen ruhigeren, konzentrierteren Geist zu fördern. Hier sind einige effektive Strategien:

Kreieren Sie eine entspannende Abendroutine

- Immer zur gleichen Zeit einzuschlafen und aufzuwachen, hilft dem Körper, den zirkadianen Rhythmus zu regulieren.
- Vermeiden Sie stressige oder anregende Aktivitäten vor dem Schlafengehen, wie z. B. Arbeiten, E-Mails abrufen oder negative Nachrichten ansehen.
- Verbringen Sie mindestens 30 Minuten mit einer entspannenden Routine, z. B. mit dem Lesen eines Buches, dem Hören leiser Musik oder der Meditation.

Beschränken Sie die Verwendung elektronischer Geräte vor dem Schlafengehen

- Das blaue Licht, das von Smartphones, Tablets und Computern ausgestrahlt wird, stört die Produktion von Melatonin, dem Hormon, das den Schlaf reguliert.
- Wenn Sie die Geräte mindestens eine Stunde vor dem Schlafengehen ausschalten, können Sie Ihr Gehirn auf die Ruhe vorbereiten.

Üben Sie Entspannungstechniken

- Tiefes Atmen, autogenes Training oder Meditation können helfen, den Geist zu beruhigen und den Gedankenfluss vor dem Schlafengehen zu reduzieren.
- Die progressive Muskelentspannungstechnik hilft, die im Laufe des Tages angesammelten Verspannungen zu lösen.

Vermeiden Sie Stimulanzien wie Koffein und Alkohol in den Abendstunden

- Koffein kann mehrere Stunden lang im Körper aktiv bleiben und sich negativ auf den Schlaf auswirken.
- Alkohol vermittelt zwar ein scheinbares Gefühl der Entspannung, stört aber den REM-Schlaf, der für die geistige Erholung unerlässlich ist.

Schaffung einer schlaffreundlichen Umgebung

Halten Sie den Raum kühl, dunkel und ruhig.
- Verwenden Sie Verdunkelungsvorhänge oder eine Augenmaske, wenn Licht ein Problem darstellt.
- Wenn Lärm den Schlaf stört, verwenden Sie Ohrstöpsel oder weißes Rauschen, um eine entspanntere Umgebung zu schaffen.

Gedanken vor dem Schlafengehen aufschreiben

- Ein Tagebuch zu führen, in dem Sie die Sorgen des Tages aufschreiben, hilft, den Kopf zu leeren und das Grübeln der Nacht zu reduzieren.
- Wenn Sie eine "To-Do-Liste" für den nächsten Tag erstellen, können Sie vermeiden, über Nacht darüber nachzudenken.

Vermeiden Sie es, sich auf die Tatsache zu fixieren, dass Sie schlafen müssen

- Wenn Sie nicht einschlafen können, stehen Sie auf und gehen Sie einer entspannenden Aktivität nach, anstatt im Bett zu liegen und zu grübeln.
- Akzeptieren Sie, dass der Schlaf in manchen Nächten flacher sein kann, ohne zusätzlichen Stress zu verursachen.

Schlaf ist ein wesentliches Element, um übermäßiges Nachdenken zu reduzieren und das psychische Wohlbefinden zu verbessern. Ausreichende Ruhe hilft, Emotionen wieder ins Gleichgewicht zu bringen, die geistige Klarheit zu verbessern und Ängste abzubauen. Eine entspannende Abendroutine, die Begrenzung von Reizen vor dem Schlafengehen und die Verbesserung der Schlafhygiene sind grundlegende Strategien, um den Geist zu beruhigen und dem Tag mit mehr Klarheit und Gelassenheit zu begegnen.

Kapitel: 8 – Die Kraft der Achtsamkeit: In der Gegenwart leben, um dich von übermäßigem Nachdenken zu befreien

Übermäßiges Nachdenken entsteht oft aus der Tendenz des Verstandes, ständig zwischen Vergangenheit und Zukunft zu wandern. Das Grübeln über Fehler, Erfahrungen und getroffene Entscheidungen führt zu Schuldgefühlen und Frustration. Gleichzeitig erzeugt die ständige Projektion in die Zukunft Angst, Angst vor Unsicherheit und Schwierigkeiten bei der Entscheidungsfindung. Diese ständige zeitliche Verschiebung des Geistes hindert dich daran, den gegenwärtigen Moment zu genießen, und trägt dazu bei, einen Zustand chronischer Unzufriedenheit zu schüren.

Achtsamkeit ist eines der effektivsten Werkzeuge, um zu viel nachzudenken und wieder zur Ruhe zu kommen. Dieser Ansatz, der auf Bewusstheit und absichtlicher Aufmerksamkeit für den gegenwärtigen Moment basiert, hilft, den kontinuierlichen Gedankenfluss zu unterbrechen und eine neue Beziehung zum eigenen Geist zu entwickeln. Bei der Praxis der Achtsamkeit geht es nicht darum, Gedanken zu eliminieren, sondern darum, sie ohne Urteil zu beobachten, ihnen zu erlauben, aufzutauchen und zu verblassen, ohne dass sie die Kontrolle über unsere Aufmerksamkeit übernehmen.

Sich des gegenwärtigen Augenblicks bewusst zu sein, bedeutet, zu lernen, mit mehr Intentionalität und weniger Ablenkungen zu leben. Wenn du in Überdenken versunken bist, neigst du dazu, im automatischen Modus zu leben und auf Reize zu reagieren, ohne eine wirkliche Verbindung zu dem zu haben, was passiert. Achtsamkeit hilft dir, langsamer zu werden, deine Gedanken und Emotionen zu erkennen, ohne von ihnen dominiert zu werden, und klarer auf Lebensereignisse zu reagieren.

Einer der wichtigsten Aspekte von Achtsamkeit ist die Fähigkeit, Erfahrungen widerstandslos anzunehmen. Oft kämpfen diejenigen, die unter übermäßigem Nachdenken leiden, gegen ihre Gedanken und versuchen, sie zu kontrollieren oder zu eliminieren. Diese Haltung stärkt sie nur und macht sie noch präsenter und invasiver. Achtsamkeit lehrt uns, Gedanken mit Distanz zu beobachten, ohne sie zu verurteilen oder uns mit ihnen zu identifizieren, und sie wie Wolken am Himmel vorbeiziehen zu lassen.

Achtsamkeit zu üben, bedeutet auch, eine größere Verbindung mit deinem Körper und deinen körperlichen Empfindungen zu entwickeln. Übermäßiges Nachdenken geht oft mit Muskelverspannungen, flacher

Atmung und einem allgemeinen Zustand der Unruhe einher. Die Aufmerksamkeit auf die Atmung, Körperempfindungen und Umweltreize zu lenken, hilft, den Kreislauf der Zwangsgedanken zu durchbrechen und in der Gegenwart Wurzeln zu schlagen.

Einer der Hauptvorteile von Achtsamkeit ist die Fähigkeit, das Management von Emotionen zu verbessern. Wenn du zum Opfer von Überdenken wirst, werden deine Emotionen durch deine Gedanken verstärkt und oft verzerrt. Ein kleiner Fehler kann in den Köpfen derjenigen, die jede Situation überanalysieren, zu einer Katastrophe werden. Die Praxis der Achtsamkeit ermöglicht es Ihnen, Emotionen zu erkennen, wenn sie auftauchen, ohne von ihnen überwältigt zu werden, und eine größere emotionale Widerstandsfähigkeit zu entwickeln.

Achtsamkeit ist nicht nur eine Meditationstechnik, sondern eine Lebenseinstellung. Es kann zu jeder Tageszeit angewendet werden, bei täglichen Aktivitäten wie Essen, Gehen, Arbeiten oder Interaktion mit anderen. Der einfache Akt, auf das zu achten, was man tut, ohne Ablenkungen und ohne sich von automatischen Gedanken mitreißen zu lassen, ist bereits eine Übung in Achtsamkeit.

Die Kultivierung des Bewusstseins für die Gegenwart hilft auch, die Qualität von Beziehungen zu verbessern. Wenn Sie in einem Gespräch voll präsent sind, hören Sie aufmerksamer zu und antworten authentischer, ohne von Gedanken abgelenkt zu werden, die sich auf die Vergangenheit oder Zukunft beziehen. Dies fördert eine tiefere Verbindung zu anderen und reduziert Missverständnisse, die durch übermäßiges Nachdenken entstehen.

Sich durch Achtsamkeit vom übermäßigen Nachdenken zu befreien, erfordert Übung und Geduld. Der Geist ist es gewohnt, abzuschweifen und sich mit sich wiederholenden Gedanken zu füllen, aber mit der Zeit ist es möglich, eine größere Fähigkeit zu entwickeln, in der Gegenwart zu leben. Jeder Moment der Achtsamkeit stellt einen Schritt in Richtung eines ruhigeren, angstfreien Geistes dar. Es geht nicht darum, einen Zustand der Perfektion zu erreichen oder Gedanken komplett zu eliminieren, sondern zu lernen, sie ausgeglichener und bewusster zu handhaben. Achtsamkeit in den Alltag zu integrieren bedeutet, aufzuhören, Sklaven des eigenen Geistes zu sein, und zu beginnen, leichter zu leben. Es bedeutet, zu lernen, die Vergangenheit loszulassen, sich nicht mehr ständig Sorgen um die Zukunft zu machen und jeden Moment in vollen Zügen zu genießen. Wahre geistige Freiheit findet sich in der Fähigkeit, präsent zu sein, anzunehmen, was ist und jede Erfahrung mit Offenheit und Gelassenheit zu leben.

8.1 – Wie man Achtsamkeit praktiziert, um übermäßiges Nachdenken zu reduzieren

Die Integration von Achtsamkeit in Ihren Alltag ist ein wirksamer Weg, um den Kreislauf des Überdenkens zu durchbrechen. Sich der Gegenwart bewusst zu sein, hilft, sich von obsessiven Gedanken zu distanzieren und eine neue Beziehung zum Geist zu entwickeln. Achtsamkeit erfordert keine stundenlange Meditation, sondern kann durch einfache Übungen geübt werden, die es dir ermöglichen, Aufmerksamkeit und Bewusstsein zu trainieren.

Eine der einfachsten Möglichkeiten, damit anzufangen, ist die Achtsamkeit auf den Atem. Der Atem ist immer bei uns und kann zu einem Anker werden, um den Geist zurück in die Gegenwart zu bringen. Indem Sie an einem ruhigen Ort sitzen und die Augen schließen, können Sie Ihre Aufmerksamkeit auf den natürlichen Fluss des Atems lenken und beobachten, wie die Luft in Ihre Lungen ein- und ausströmt, ohne zu versuchen, sie zu verändern. Wenn der Geist zu wandern beginnt, besteht die Aufgabe einfach darin, die Aufmerksamkeit wieder auf den Atem zu lenken, ohne den Prozess zu beurteilen oder zu erzwingen. Schon fünf Minuten pro Tag helfen dabei, die geistige Überlastung zu reduzieren und bessere Fähigkeiten zur Gedankenbewältigung zu entwickeln.

Eine weitere effektive Praxis ist das Bodyscanning, eine Übung, die hilft, den Geist durch die Verbindung mit körperlichen Empfindungen zu entspannen. Indem Sie sich bequem hinlegen oder sitzen, können Sie die Aufmerksamkeit auf jeden Teil Ihres Körpers lenken, angefangen bei Ihren Füßen bis hin zu Ihrem Kopf. Körperliche Empfindungen, wie Anspannung, Hitze oder Leichtigkeit, werden beobachtet, ohne zu versuchen, sie zu verändern. Diese Übung hilft, den Fokus von den Gedanken auf die Körperwahrnehmung zu verlagern und die geistige Hyperaktivität zu reduzieren.

Auch alltägliche Aktivitäten können zu Momenten der Achtsamkeit werden. Essen, Gehen, Händewaschen oder eine Tasse Tee trinken können zu achtsamen Erlebnissen werden, wenn Sie den Gesten, Geräuschen, Gerüchen und Empfindungen des Augenblicks volle Aufmerksamkeit schenken. Anstatt diese Aktionen automatisch auszuführen, während dein Geist von zufälligen Gedanken abgelenkt wird, kannst du dich dafür entscheiden, bei dem, was du tust, präsent zu sein. Dies reduziert Ängste und hilft, ein Gefühl der inneren Ruhe zu entwickeln.

Eine weitere nützliche Übung ist die Achtsamkeit der Gedanken. Anstatt zu versuchen, Gedanken zu blockieren oder zu unterdrücken, kann die distanzierte Beobachtung geübt werden. Jeder Gedanke, der auftaucht, wird wahrgenommen und losgelassen, ohne ihn zu verurteilen oder ihm zu folgen. Ein nützliches Bild ist das von Wolken, die durch den Himmel ziehen: Gedanken sind wie Wolken, die auf natürliche Weise auftauchen und sich auflösen. Dies hilft dir, dich nicht mehr mit jedem Gedanken zu identifizieren und eine größere geistige Freiheit zu entwickeln.

Achtsames Schreiben kann auch ein großartiges Werkzeug sein, um mit übermäßigem Nachdenken umzugehen. Ein Tagebuch zu führen, in dem du die am häufigsten wiederkehrenden Gedanken niederschreibst, hilft dir, dich von ihnen zu distanzieren und sie klarer zu beobachten. Das Schreiben ohne Filter, ohne sich um die Form zu kümmern, ermöglicht es Ihnen, Ihren Kopf zu leeren und das Gewicht der Gedanken loszulassen.

Die Praxis der Dankbarkeit ist eine weitere kraftvolle Achtsamkeitsübung. Wenn du dir jeden Tag einen Moment Zeit nimmst, um über drei Dinge nachzudenken, für die du dankbar bist, kannst du deinen Fokus von den negativen Aspekten des Lebens auf die positiven Aspekte verlagern. Dieses mentale Training reduziert die Neigung, über Fehler oder Sorgen nachzudenken und hilft, eine ausgeglichenere Einstellung zu entwickeln.

Für alle, die sich eine strukturierte Unterstützung wünschen, gibt es viele Apps und digitale Ressourcen, die durch geführte Meditationen und Achtsamkeitsübungen führen. Die Integration von nur ein paar Minuten pro Tag dieser Übungen hilft, eine neue Herangehensweise an den Geist zu entwickeln und das Überdenken deutlich zu reduzieren.

Achtsamkeit ist keine Technik, die nur in Krisenzeiten angewendet werden kann, sondern eine Praxis, die, wenn sie konsequent gepflegt wird, zu einer Lebensweise wird. Im Laufe der Zeit hilft es, Ängste abzubauen, die Konzentration zu verbessern und eine größere emotionale Widerstandsfähigkeit zu entwickeln. Zu lernen, im gegenwärtigen Moment präsent zu sein, bedeutet, sich von der Last der Vergangenheit und der Angst vor der Zukunft zu befreien und dem Geist zu erlauben, Frieden und Klarheit zu finden.

8.2 – Überwindung von Achtsamkeitswiderständen: Wie man das Üben zu einer natürlichen Gewohnheit macht

Trotz der offensichtlichen Vorteile von Achtsamkeit fällt es vielen Menschen schwer, sie in ihr tägliches Leben zu integrieren. Zu viel nachdenkende Betroffene haben oft das Gefühl, dass ihr Geist zu chaotisch ist, um innezuhalten und Achtsamkeit zu üben. Andere halten Achtsamkeit für zu abstrakt oder haben das Gefühl, nicht genug Zeit zu haben, sich ihr zu widmen. Der Widerstand gegen diese Praxis ist jedoch eigentlich ein Zeichen dafür, dass der Geist mehr Gleichgewicht und konkrete Werkzeuge braucht, um zur Ruhe zu kommen.

Eines der Haupthindernisse für die Integration von Achtsamkeit ist der Glaube, dass es notwendig ist, Gedanken vollständig zu eliminieren, um sie zu praktizieren. In Wirklichkeit geht es bei Achtsamkeit nicht darum, den Geist zu leeren, sondern darum, Gedanken zu beobachten, ohne sich von ihnen mitreißen zu lassen. Der erste Schritt, um diesen Widerstand zu überwinden, besteht darin, deine Herangehensweise zu ändern: Du darfst dich nicht zwingen, nicht zu denken, sondern du musst lernen, die Gedanken als das zu sehen, was sie sind: einfache mentale Ereignisse, die kommen und gehen.

Eine weitere häufige Schwierigkeit ist Zeitmangel. Viele glauben, dass man Stunden mit Meditation verbringen muss, um Vorteile zu erzielen, aber Achtsamkeit kann in nur ein paar Minuten am Tag integriert werden. Anstatt es als zusätzliche Aktivität zu betrachten, ist es sinnvoll, es zu einer Gewohnheit zu machen, die die täglichen Aktivitäten begleitet. Du kannst zum Beispiel Achtsamkeit üben, wenn du morgens Kaffee trinkst, zur Arbeit gehst oder in der Pause. Schon fünf Minuten Aufmerksamkeit für die Atmung oder Körperempfindungen können einen erheblichen Einfluss darauf haben, übermäßiges Nachdenken zu reduzieren.

Ein weiteres Hindernis ist der anfängliche Frust. Diejenigen, die an einen kontinuierlichen Gedankenstrom gewöhnt sind, können sich ungeduldig fühlen, wenn sie versuchen, Achtsamkeit zu üben, und können nicht sofort ein Gefühl der Ruhe finden. Es ist wichtig, sich daran zu erinnern, dass Achtsamkeit eine Praxis ist, keine Leistung. Es gibt keinen richtigen oder falschen Weg, dies zu tun, und die Vorteile häufen sich im Laufe der Zeit. Jedes Mal, wenn du bemerkst, dass dein Geist abschweift und du deine Aufmerksamkeit wieder in die Gegenwart lenkst, machst du bereits Fortschritte.

Manche Menschen haben Schwierigkeiten, still zu bleiben und sich auf ihren Atem oder ihre Körperempfindungen zu konzentrieren. In diesen Fällen kann es hilfreich sein, mit aktiver Achtsamkeit zu beginnen, wie z.B. achtsames Gehen oder aufmerksames Hören von Musik. Die Einbeziehung des Körpers in den Prozess trägt dazu bei, die Praxis zugänglicher und weniger abstrakt zu machen.

Um es einfacher zu machen, Achtsamkeit in deine Routine zu integrieren, ist es hilfreich, kleine Tagesrituale zu schaffen. Sie können sich zum Beispiel entscheiden, den Tag mit einer Minute Achtsamkeit zu beginnen und zu beenden, oder sich ein paar Sekunden Zeit zum Durchatmen zu nehmen, bevor Sie eine herausfordernde Aktivität beginnen. Die Verknüpfung von Achtsamkeit mit Momenten, die bereits am Tag vorhanden sind, trägt dazu bei, sie zu einer natürlichen Gewohnheit zu machen, ohne dass man zusätzliche Zeit finden muss.

Eine weitere Möglichkeit, Widerstände zu überwinden, besteht darin, persönliche Motivation zu finden. Wenn du dich fragst, warum du Achtsamkeit üben willst und welche Vorteile du dir erhoffst, hilft es dir, engagiert zu bleiben. Manche Menschen tun es, um Ängste abzubauen, andere, um die Konzentration zu verbessern oder einfach um mit größerer Präsenz zu leben. Einen klaren Grund zu haben, macht es einfacher, in der Praxis Konsistenz zu wahren.

Auch externe Unterstützung kann hilfreich sein. Die Teilnahme an Meditationsgruppen, die Verwendung von geführten Apps oder das Lesen von Büchern über Achtsamkeit hilft dir, motiviert zu bleiben und die Mechanismen der Achtsamkeit besser zu verstehen.

Schließlich ist es wichtig, eine freundliche Haltung dir selbst gegenüber zu entwickeln. Du solltest dich nicht selbst verurteilen, wenn deine Gedanken anfangs immer wieder abschweifen oder wenn du vergisst zu üben. Jeder Tag ist eine Gelegenheit, neu anzufangen, und jeder kleine Schritt in Richtung Bewusstsein hat eine positive Auswirkung. Mit der Zeit wird Achtsamkeit zu einer natürlichen Gewohnheit, die dazu beiträgt, zu viel nachzudenken, das Emotionsmanagement zu verbessern und einen klareren und gelasseneren Geist zu entwickeln.

8.3 – Wenden Sie Achtsamkeit bei täglichen Aktivitäten an, um übermäßiges Nachdenken zu reduzieren

Achtsamkeit ist nicht nur eine Praxis, die zu bestimmten Tageszeiten durchgeführt wird, sondern sie kann zu einer Lebensweise werden, die dazu beiträgt, übermäßiges Nachdenken zu reduzieren und das psychische

Wohlbefinden zu verbessern. Viele Menschen glauben, dass Achtsamkeit lange Meditationssitzungen erfordert, aber sie kann tatsächlich in jede tägliche Aktivität integriert werden. Jeder Moment des Tages bietet die Möglichkeit, präsenter und bewusster zu sein und so den kontinuierlichen Fluss unnötiger Gedanken und Ängste zu reduzieren.

Einer der grundlegenden Aspekte von Achtsamkeit, die auf den Alltag angewendet wird, besteht darin, alltägliche Aktivitäten in bewusste Erfahrungen umzuwandeln. Oft führen wir viele Aktionen automatisch aus, ohne darauf zu achten. Wir putzen uns die Zähne, während wir an den Arbeitstag denken, wir essen, während wir durch das Telefon scrollen, wir gehen die Straße entlang, ohne unsere Umgebung überhaupt zu bemerken. Diese Trennung zwischen Geist und Körper führt zu übermäßigem Nachdenken, weil sie dem Geist Raum lässt, unkontrolliert zu wandern.

Achtsames Essen ist ein praktisches Beispiel dafür, wie man Achtsamkeit anwenden kann. Anstatt geistesabwesend zu essen, während Sie fernsehen oder am Computer arbeiten, können Sie sich ganz auf das Essenserlebnis konzentrieren. Das bedeutet, die Farben des Essens zu beobachten, seine Düfte zu riechen, jeden Bissen langsam zu genießen und die Textur in Ihrem Mund zu spüren. Achtsames Essen hilft nicht nur, die Verdauung zu verbessern, sondern auch den unaufhörlichen Gedankenfluss zu unterbrechen und den Geist wieder in den gegenwärtigen Moment zu bringen.

Achtsames Gehen kann auch zu einer kraftvollen Achtsamkeitsübung werden. Anstatt in Eile mit dem Kopf voller Gedanken herumzulaufen, ist es hilfreich, sich auf die Empfindungen zu konzentrieren, wenn Ihre Füße den Boden berühren, die Temperatur der Luft auf Ihrer Haut und die Geräusche Ihrer Umgebung. Dies trägt dazu bei, die Tendenz zu verringern, über vergangene Ereignisse oder zukünftige Sorgen nachzudenken, und fördert ein Gefühl der Ruhe und Geer düng in der Gegenwart.

Auch der Umgang mit anderen kann achtsamer werden. Oft, wenn wir mit jemandem sprechen, ist unser Verstand bereits damit beschäftigt, die nächste Antwort zu formulieren oder an etwas anderes zu denken. Dies schränkt die Qualität der Kommunikation ein und verstärkt das Überdenken, da es zu einer ständigen Analyse des Gesagten oder Getanen führt. Während eines Gesprächs voll präsent zu sein, der anderen Person wirklich zuzuhören, ohne zu urteilen oder abgelenkt zu werden, verbessert die Qualität von Beziehungen und reduziert die psychische Belastung durch kontinuierliche Analysen.

Eine weitere Möglichkeit, Achtsamkeit zu integrieren, besteht darin, sie bei täglichen Aufgaben wie Geschirrspülen, Duschen oder Aufräumen des Hauses zu üben. Anstatt sie mechanisch zu tun, während der Geist abschweift, können Sie die Aufmerksamkeit auf Bewegungen, taktile Empfindungen und Gerüche lenken. Dies verwandelt selbst die alltäglichsten Aktivitäten in Momente der Achtsamkeit und hilft, obsessives Denken zu reduzieren.

Die Arbeit mit Bewusstsein kann auch eine effektive Strategie sein, um übermäßiges Nachdenken zu reduzieren. Oft verbringen Mitarbeiter einen Großteil ihres Tages damit, sich über vergangene Fehler oder zukünftige Aufgaben Gedanken zu machen, ohne sich vollkommen auf das zu konzentrieren, was sie im gegenwärtigen Moment tun. Achtsamkeit während der Arbeit zu üben bedeutet, sich vollkommen auf eine Aufgabe nach der anderen zu konzentrieren, Multitasking zu vermeiden und die Aufmerksamkeit wieder auf die anstehende Aufgabe zu lenken, wenn die Gedanken abschweifen.

Achtsame Pausen über den Tag verteilt zu schaffen, ist ein weiteres nützliches Werkzeug. Schon ein paar Sekunden, um innezuhalten, tief durchzuatmen und die Umgebung zu beobachten, können helfen, den kontinuierlichen Gedankenfluss zu stoppen. Diese Momente der Achtsamkeit wirken wie mentalen Restes, die es Ihnen ermöglichen, die Überlastung des Geistes zu reduzieren und die Konzentration zu verbessern.

Achtsamkeit im täglichen Leben anzunehmen, bedeutet nicht, dass Sie Ihren Lebensstil komplett ändern müssen, sondern einfach zu lernen, mehr Aufmerksamkeit auf das zu lenken, was Sie tun. Je mehr Achtsamkeit du in deinen täglichen Aktivitäten praktizierst, desto mehr entwickelst du die Fähigkeit, auf natürliche Weise mit übermäßigem Denken umzugehen. Mit der Zeit lernt der Geist, präsenter zu sein und weniger anfällig dafür zu sein, sich in unnötigen Gedanken zu verlieren, was zu größerer Gelassenheit und geistiger Klarheit führt.

Kapitel: 9 – Die Rolle von Gewohnheiten bei der Kontrolle des Überdenkens

Übermäßiges Nachdenken ist nicht nur ein mentales Problem, sondern auch das Ergebnis sich im Laufe der Zeit wiederholender Gewohnheiten. Der Verstand gewöhnt sich an eine bestimmte Denkweise, und mit der Zeit wird dies zu einem automatischen Kreislauf, der schwer zu durchbrechen ist. Genauso wie das Gehirn jedoch zu viel Nachdenken entwickeln kann, kann es auch lernen, durch die Schaffung neuer Gewohnheiten ausgewogener zu funktionieren.

Gewohnheiten sind mentale und Verhaltensmuster, die durch Wiederholung gestärkt werden. Wenn ein Mensch daran gewöhnt ist, über jedes Detail seines Lebens nachzudenken, tut der Verstand dies automatisch weiter, auch wenn es nicht notwendig ist. Das bedeutet, dass es zur Reduzierung des Überdenkens unerlässlich ist, mentale Routinen zu ändern und alte Muster durch neue, funktionalere Denkmuster zu ersetzen.

und. Diejenigen, die unter übermäßigem Nachdenken leiden, neigen dazu, andere nach ihrer Meinung zu fragen, um sich in ihren Entscheidungen sicherer zu fühlen. Diese Gewohnheit verstärkt jedoch die Abhängigkeit von außen und verringert das Vertrauen in die eigenen Fähigkeiten. Die Gewohnheit, dem eigenen Urteilsvermögen mehr zu vertrauen und Entscheidungen zu treffen, ohne ständig zustimmen zu müssen, hilft, ein größeres inneres Selbstvertrauen zu entwickeln.

Auch die Art und Weise, wie du deine Freizeit nutzt, wirkt sich auf das Überdenken aus. Wenn Sie jeden Moment mit Aktivitäten füllen, die den Geist übermäßig stimulieren, wie z. B. durch soziale Medien scrollen oder zu viele Nachrichten ansehen, kann dies Ihren Stresspegel und Ihre geistige Überlastung erhöhen. Die Schaffung neuer Gewohnheiten, die die Entspannung fördern, wie z. B. Lesen, Musik hören, Zeit in der Natur verbringen oder sich an kreativen Aktivitäten beteiligen, hilft dabei, dem Geist den Raum zu geben, den er braucht, um ausgeglichener zu funktionieren.

Ein weiterer Schlüsselfaktor für die Reduzierung des Überdenkens ist die Entwicklung einer achtsameren Morgen- und Abendroutine. Die frühen Morgenstunden beeinflussen, wie der Geist den Tag angeht. Den Morgen mit einer Achtsamkeitspraxis wie Meditation oder einem Moment der Dankbarkeit zu beginnen, hilft, einen ruhigeren und positiveren mentalen Ton zu setzen. Ebenso verringert eine abendliche Routine, die die Entspannung fördert, wie z. B. das Ausschalten elektronischer Geräte mindestens eine Stunde vor dem Schlafengehen und eine entspannende Aktivität, die Tendenz, vor dem Einschlafen zu grübeln.

Mentale Gewohnheiten zu ändern, braucht Zeit und Ausdauer, aber es ist ein erreichbarer Prozess. Jede kleine Veränderung in Ihrem Tagesablauf trägt dazu bei, ein neues, gesünderes und funktionaleres Denkmuster zu schaffen. Übermäßiges Nachdenken zu reduzieren, bedeutet nicht, Gedanken vollständig zu eliminieren, sondern zu lernen, sie bewusster zu handhaben und sie daran zu hindern, die Kontrolle über den Geist zu übernehmen. Mit der Zeit gewöhnt sich das Gehirn an neue Muster, und das übermäßige Nachdenken weicht einer größeren geistigen Klarheit und Gelassenheit.

9.1 – Schaffen Sie neue mentale Gewohnheiten, um übermäßiges Nachdenken zu ersetzen

Übermäßiges Nachdenken ist eine mentale Gewohnheit, die sich im Laufe der Zeit etabliert hat. Der Verstand gewöhnt sich daran, die gleichen Denkmuster zu wiederholen, was zu Angst und Unsicherheit führt. Um diesen Mechanismus zu ändern, ist es notwendig, neue Gewohnheiten zu schaffen, die eine ausgewogenere und rationalere Herangehensweise an Probleme begünstigen. Das Gehirn ist plastisch, das heißt, es kann durch die Wiederholung neuer Denkmuster umprogrammiert werden.

Identifizieren Sie sich in Trigger Overthinking

Der erste Schritt, um übermäßiges Denken durch gesündere Gewohnheiten zu ersetzen, besteht darin, zu verstehen, wann und warum es einsetzt. Übermäßiges Nachdenken manifestiert sich oft in bestimmten Situationen, wie zum Beispiel:

1. Momente der Unsicherheit (in denen wichtige Entscheidungen getroffen werden müssen).
2. Nach sozialen Interaktionen (Analyse jedes gesagten oder empfangenen Wortes).
3. In Momenten der Inaktivität (wenn der Geist keinen äußeren Reiz hat, auf den er sich konzentrieren kann).
4. Das Erkennen dieser Auslöser hilft dir, dir bewusst zu werden und einzugreifen, bevor das Denken unkontrollierbar wird.

Übermäßiges Nachdenken durch Handeln ersetzen

Einer der häufigsten Fehler ist der Versuch, "weniger zu denken", ohne eine konkrete Alternative zu haben. Das Gehirn braucht etwas, auf das es sich konzentrieren kann, daher ist es effektiver, das Grübeln durch gezieltes Handeln zu ersetzen.

1. Wenn dein Geist anfängt zu grübeln, mache etwas Körperliches wie einen Spaziergang, Atemübungen oder eine manuelle Aktivität. Die Bewegung hilft, den mentalen Fluss zu stören und Spannungen abzubauen.
2. Schreibe deine Gedanken auf Papier, anstatt sie in deinem Kopf herumschwirren zu lassen. Das hilft, die Situation klarer zu sehen und die emotionale Belastung durch Sorgen zu reduzieren.
3. Eine Aktivität, die Aufmerksamkeit erfordert (z. B. Kochen, Lesen oder ein Instrument spielen). Den Geist mit einer konkreten Aufgabe zu beschäftigen, reduziert den Raum für obsessive Gedanken.

Gedanken ausgewogener formulieren

Diejenigen, die unter übermäßigem Nachdenken leiden, neigen dazu, negative oder katastrophale Selbstgespräche zu führen. Eine Möglichkeit, dem entgegenzuwirken, besteht darin, zu lernen, Ihre Gedanken neu zu formulieren, um sie realistischer und weniger dramatisch zu gestalten.

Beispiel:

*   **Negativer Gedanke:** "Ich habe in diesem Meeting alles falsch gemacht, meine Kollegen werden mich für inkompetent halten."
*   **Umformulierung:** "Ich habe ein paar Dinge gesagt, die ich besser hätte, ausdrücken können, aber jeder macht Fehler. Niemand analysiert jedes meiner Worte so wie ich."

Um sich an diese Methode zu gewöhnen, ist es sinnvoll, sich Fragen zu stellen, wenn ein negativer Gedanke auftaucht:

*   **Basiert dieses Denken auf harten Fakten oder ist es nur eine Interpretation?**
*   **Wenn ein Freund in der gleichen Situation wäre wie ich, wie würde ich ihn trösten?**
*   **Hilft mir dieser Gedanke oder verursacht er nur Stress?**

Schaffung einer achtsamen Denkroutine

Übermäßiges Nachdenken erstreckt sich oft über den Tag und nimmt jeden freien Moment in Anspruch. Eine effektive Methode, um dies zu bewältigen, besteht darin, eine bestimmte Zeit festzulegen, um Bedenken auszuräumen.

Verbringen Sie 15 Minuten pro Tag mit "Deckzeit": Wählen Sie eine Tageszeit, um über die Probleme nachzudenken, die Ihnen Sorgen bereiten. Wenn zu anderen Zeiten ein ängstlicher Gedanke auftauchen, kannst du dir sagen: "Ich werde ihn in meinem eigenen Raum ansprechen." Dadurch muss nicht mehr jederzeit alles analysiert werden. Vermeiden Sie es, komplexe Probleme vor dem Schlafengehen zu analysieren: abends ist der Geist müder und neigt zu übertriebenen Sorgen. Es ist besser, die Gedanken auf ein Blatt Papier zu schreiben und auf den nächsten Tag zu verschieben.

Entwicklung mentaler Selbstdisziplin

Das Erschaffen neuer mentaler Gewohnheiten erfordert ständige Übung. Jedes Mal, wenn Sie einen Kreislauf des Überdenkens durchbrechen und ihn durch eine gesündere Gewohnheit ersetzen, stärken Sie neue neuronale Verbindungen, die die Veränderung natürlicher machen.

- **Seien Sie geduldig mit sich selbst:** Veränderungen passieren nicht an einem Tag, aber mit täglicher Übung lernt der Geist neue Denkweisen.
- **Streben Sie nicht nach Perfektion:** Fortschritt ist wichtiger als Perfektion. Auch wenn es an manchen Tagen schwierig ist, mit dem Überdenken umzugehen, zählt jede kleine Verbesserung.
- **Belohnen Sie sich für Erfolge:** Das Erkennen der Momente, in denen Sie in der Lage waren, zu viel nachzudenken, stärkt die Motivation.

Übermäßiges Nachdenken durch neue Gewohnheiten zu ersetzen, bedeutet nicht, Gedanken komplett zu eliminieren, sondern zu lernen, sie besser zu managen. Mit der Zeit gewöhnt sich das Gehirn daran, ausgeglichener zu funktionieren, was zu einem gelasseneren Geist führt, der sich auf die Gegenwart konzentriert.

9.2 – Die Macht der Wiederholung: Wie man neue mentale Gewohnheiten automatisch macht

Das Schaffen neuer mentaler Gewohnheiten, um übermäßiges Nachdenken zu ersetzen, ist ein Prozess, der Zeit und Konsequenz erfordert. Der Verstand ist so programmiert, dass er etablierten Mustern folgt, also um die Art und Weise zu ändern, wie du denkst, musst du dich selbst trainieren, neue Strategien zu wiederholen, bis sie automatisch werden. Das Gehirn arbeitet über neuronale Verbindungen, die jedes Mal verstärkt werden, wenn ein Gedanke oder ein Verhalten wiederholt wird. Das bedeutet, dass es bei konsequenter Praxis möglich ist, übermäßiges Denken durch gesündere und ausgewogenere mentale Modelle zu ersetzen.

Warum Wiederholung der Schlüssel ist

Jede Gewohnheit, einschließlich des Überdenkens, ist das Ergebnis eines etablierten neuronalen Schaltkreises. Jedes Mal, wenn der Verstand in einen obsessiven Gedankenzyklus eintritt, verstärkt er dieses Muster und macht es immer natürlicher und automatischer. Der Weg, diesen Prozess umzukehren, besteht darin, das Gehirn darauf zu trainieren, neue Wege zu gehen. Dies erfordert ständiges Üben, da das Gehirn Wiederholungen benötigt, um neue, stabile Verbindungen herzustellen.

- Je mehr du aufhörst, zu viel nachzudenken, desto mehr gewöhnt sich dein Gehirn daran, anders zu denken.
- Neue Gewohnheiten lassen sich mit der Zeit leichter aufrechterhalten.

Nach einer bestimmten Anzahl von Wiederholungen wird das ausgeglichene Denken automatisch, genau wie das Überdenken.

- Strategien zur Stärkung neuer mentaler Gewohnheiten
- Übermäßiges Nachdenken durch eine Alternative ersetzen

Anstatt deinen Geist in obsessive Gedanken schweifen zu lassen, solltest du dich an einer alternativen Aktivität beteiligen, wann immer du zu viel nachdenkst.

Wählen Sie etwas Einfaches, aber Effektives: Hören Sie Musik, lesen Sie ein Buch, üben Sie achtsames Atmen oder beteiligen Sie sich an einer kreativen Aktivität.

Der Schlüssel liegt darin, diese Substitution jedes Mal zu wiederholen, so dass das Gehirn beginnt, das neue Muster als seine Standardreaktion zu erkennen.

Verwenden von Erinnerungen, um im Fokus zu bleiben

- Das Schreiben von Motivationssätzen oder positiven Affirmationen an sichtbaren Stellen kann helfen, Ihren Geist an den neuen Weg zu erinnern, dem Sie folgen müssen.
- Ein Post-it-Zettel mit der Aufschrift "Ich bleibe in der Gegenwart" in der Nähe Ihres Computers oder Spiegels kann

beispielsweise als Erinnerung daran dienen, mit dem Überdenken aufzuhören.

Tägliche Konstanz üben

Selbst kleine Handlungen, die sich jeden Tag wiederholen, führen im Laufe der Zeit zu großen Veränderungen.

Konsequent an neuen Gewohnheiten zu arbeiten, ohne sofortige Ergebnisse zu erwarten, hilft, dauerhafte Veränderungen zu etablieren.

Wenn du dir zum Beispiel jeden Abend ein paar Minuten Zeit nimmst, um drei positive Dinge über den Tag aufzuschreiben, kann das deinem Geist helfen, den Fokus von negativen Gedanken auf ausgeglichenere Gedanken zu verlagern.

Verfolgen des Fortschritts

- Verbesserungen im Auge zu behalten, hilft, die Motivation aufrechtzuerhalten.
- Wenn Sie jedes Mal aufschreiben, wenn Sie nicht zu viel nachdenken konnten und wie Sie sich danach gefühlt haben, können Sie Ihren Fortschritt im Laufe der Zeit beobachten.
- Die Erstellung eines Diagramms mit kleinen Wochenzielen, wie z. B. "Diese Woche möchte ich die Zeit, die ich mit Überdenken verbringe, um 10 Minuten pro Tag reduzieren", hilft dabei, die Veränderung konkret zu machen.

Belohnen Sie sich für jeden Schritt nach vorne

- Der Geist reagiert am besten auf Veränderungen, wenn er befriedigt wird.
- Wann immer du einen obsessiven Gedanken durch eine produktivere Handlung ersetzen kannst, kann die Anerkennung des Erfolgs und eine kleine Belohnung das neue Verhalten verstärken.

Erstellen von Routinen, die Veränderungen unterstützen

- Mentale Gewohnheiten lassen sich leichter aufrechterhalten, wenn sie in einen stabilen Tagesablauf integriert sind.
- Wenn Sie Ihren Tag so strukturieren, dass es Momente gibt, die der Achtsamkeit, körperlicher Aktivität oder entspannenden Pausen gewidmet sind, können Sie auf natürliche Weise zu viel nachdenken.

Seien Sie geduldig und freundlich zu sich selbst

- Eine mentale Gewohnheit zu ändern, braucht Zeit. Es ist normal, dass es Tage gibt, an denen das übermäßige Nachdenken stärker zurückkommt.

- Anstatt dich selbst zu verurteilen, erkenne die Fortschritte, die du gemacht hast, und praktiziere deine neuen Gewohnheiten weiter, ohne dich entmutigen zu lassen.

Wenn neue Gewohnheiten automatisch werden

Nach einer gewissen Zeit des ständigen Übens beginnt das Gehirn, die neuen Muster als normal zu erkennen. Das Überdenken verliert seine Kraft, und der Verstand gewöhnt sich mehr daran, in der Gegenwart zu bleiben, ohne jedes Detail analysieren zu müssen. Veränderungen passieren nicht über Nacht, aber mit der Zeit und Wiederholung wird ausgeglicheneres und positiveres Denken zur neuen Normalität.

9.3 – Aufbau psychischer Widerstandsfähigkeit, um die Rückkehr des Überdenkens zu verhindern

Die Änderung mentaler Gewohnheiten und das Reduzieren von Überdenken ist ein allmählicher Prozess, der Beständigkeit erfordert. Doch auch nach deutlichen Fortschritten kann es passieren, dass der Verstand dazu neigt, in die alten Muster zurückzufallen. Um zu verhindern, dass Sie durch übermäßiges Nachdenken wieder die Kontrolle erlangen, ist es wichtig, eine mentale Widerstandsfähigkeit zu entwickeln, die es Ihnen ermöglicht, sich den Herausforderungen des Lebens zu stellen, ohne von sich wiederholenden Gedanken überwältigt zu werden. Psychische Resilienz ist die Fähigkeit, mit Stress, Unsicherheiten und Schwierigkeiten umzugehen, ohne das emotionale Gleichgewicht zu verlieren. Ein resilienter Mensch ist nicht immun gegen Probleme, aber er hat wirksame Werkzeuge entwickelt, um mit ihnen umzugehen, ohne sich von Ängsten oder Zukunftsängsten mitreißen zu lassen. Der Aufbau dieser inneren Stärke ermöglicht es Ihnen, auch in Zeiten erhöhten Drucks einen klareren und stabileren Geist zu bewahren.

Eines der Schlüsselelemente der Resilienz ist die Anpassungsfähigkeit. Das Leben ist unvorhersehbar, und der Versuch, jedes Detail zu kontrollieren, führt unweigerlich dazu, zu viel nachzudenken. Die Akzeptanz, dass nicht alles planbar ist und dass einige Situationen Flexibilität erfordern, trägt dazu bei, die Notwendigkeit zu reduzieren, jede Möglichkeit zu analysieren. Zu lernen, das Bedürfnis nach absoluter Gewissheit loszulassen, ermöglicht es dem Geist, sich zu entspannen und sich auf das zu konzentrieren, was im gegenwärtigen Moment wirklich beherrschbar ist.

Auch der Umgang mit Fehlern und Misserfolgen wirkt sich auf die psychische Resilienz aus. Diejenigen, die unter übermäßigem Nachdenken leiden, erleben oft jeden Fehler als Beweis für ihre Unzulänglichkeit und schüren die Angst, Fehler zu machen. Anstatt Misserfolge als Zeichen von Schwäche zu sehen, ist es hilfreich, sie als Teil des Lernprozesses zu betrachten. Jede Erfahrung, auch eine negative, bietet die Möglichkeit, zu wachsen und sich zu verbessern. Das Akzeptieren dieser Perspektive reduziert die Belastung durch die Selbstanalyse und fördert das Vertrauen in die eigenen Fähigkeiten.

Ein weiterer wichtiger Aspekt der Resilienz ist der Umgang mit Ihren Emotionen. Übermäßiges Nachdenken ist oft das Ergebnis des Versuchs, Emotionen zu rationalisieren, anstatt sie zu akzeptieren. Menschen, die zu viel nachdenken, versuchen, alles mit Logik zu lösen, und ignorieren dabei die Tatsache, dass Emotionen nicht immer rationalen Mustern folgen. Wenn du lernst, deine Emotionen zu erkennen und zu akzeptieren, ohne sie zu verurteilen oder zu versuchen, sie übermäßig zu kontrollieren, kannst du eine gesündere Beziehung zu deinem Geist entwickeln.

Die Fähigkeit, eine ausgewogene Perspektive zu bewahren, ist auch wichtig, um zu verhindern, dass zu viel Nachdenken zurückkehrt. Oft konzentrieren sich diejenigen, die dazu neigen, zu viel nachzudenken, auf die negativen Aspekte einer Situation und ignorieren das große Ganze. Wenn Sie sich darin üben, jede Situation aus mehreren Blickwinkeln zu betrachten, können Sie die Tendenz zur obsessiven Analyse verringern und einen realistischeren und konstruktiveren Ansatz entwickeln.

Psychische Widerstandsfähigkeit wird auch dadurch aufgebaut, dass man sich um sein körperliches und psychisches Wohlbefinden kümmert. Ein ausgewogener Lebensstil, einschließlich körperlicher Aktivität, gesunder Ernährung, gutem Schlaf und Momenten der Entspannung, trägt dazu bei, den Geist stabiler und weniger anfällig für übermäßiges Nachdenken zu halten. Wenn der Körper im Gleichgewicht ist, hat der Geist auch eine größere Fähigkeit, mit Stress umzugehen, ohne auf übermäßiges Nachdenken als Abwehrmechanismus zurückzugreifen.

Schließlich hilft die Kultivierung eines emotionalen Unterstützungsnetzwerks, die psychische Widerstandsfähigkeit zu stärken. Wenn du deine Gedanken und Sorgen mit Menschen teilst, denen du vertraust, kannst du deine mentale Belastung verringern und neue

Perspektiven gewinnen. Gesunde und authentische Beziehungen bieten einen Anhaltspunkt in schwierigen Zeiten und reduzieren die Notwendigkeit, durch kontinuierliche Analyse alles alleine durchzumachen.

Die Rückkehr des Überdenkens zu verhindern, bedeutet nicht, Gedanken vollständig zu eliminieren, sondern die Fähigkeit zu entwickeln, sie zu bewältigen, ohne überwältigt zu werden. Der Aufbau psychischer Widerstandsfähigkeit ermöglicht es Ihnen, den Herausforderungen des Lebens mit mehr Selbstvertrauen zu begegnen und zu verhindern, dass Ihr Geist in alte Muster des Grübelns und der Sorge verfällt. Mit der Zeit und Übung wird es möglich, ein stabileres geistiges Gleichgewicht zu bewahren und mit größerer Gelassenheit zu leben.

Kapitel: 10 – Eine neue Denkweise schaffen: Sich von übermäßigem Nachdenken befreien, um mit Frieden des Lebens zu leben

Überdenken zu überwinden, bedeutet nicht, Gedanken komplett zu eliminieren oder aufzuhören, über Lebenssituationen nachzudenken, sondern zu lernen, seinen Geist ausgeglichener und bewusster zu steuern. Übermäßiges Nachdenken ist oft das Ergebnis irrationaler Ängste, eines Bedürfnisses nach Kontrolle und der Schwierigkeit, Unsicherheit zu tolerieren. Die Veränderung der Denkweise ist ein Prozess, der Engagement erfordert, aber zu mehr Gelassenheit und innerer Freiheit führt.

Einer der Schlüsselaspekte dieser Transformation ist das Erlernen der Unterscheidung zwischen nützlichen und schädlichen Gedanken. Erstere führen zu Lösungen, helfen bei der Entscheidungsfindung und verbessern das Verständnis von Situationen. Letztere hingegen sind zirkulär, wiederholen sich und führen zu keinen konkreten Ergebnissen. Die Entwicklung dieses Bewusstseins hilft, den Kreislauf des Überdenkens zu durchbrechen, bevor er überwältigend wird.

Um die Denkweise zu ändern, ist es wichtig, die Beziehung zur Unsicherheit zu verändern. Viele Menschen, die unter übermäßigem Nachdenken leiden, versuchen ständig, die Zukunft vorherzusagen und jedes Risiko oder jede Möglichkeit von Fehlern auszuschließen. Das Leben ist jedoch unvorhersehbar, und der Versuch, jedes Detail zu kontrollieren, erzeugt nur Angst und Frustration. Zu akzeptieren, dass nicht alles planbar ist und dass Ungewissheit Teil des Daseins ist, ermöglicht es dir, die Last des Überdenkens zu erleichtern und Situationen mit größerer Offenheit zu begegnen.

Ein weiterer wesentlicher Schritt besteht darin, mehr Vertrauen in Ihre Fähigkeiten zu entwickeln. Diejenigen, die zu viel nachdenken, neigen dazu, ihre Entscheidungen zu hinterfragen und externe Bestätigung zu suchen, um sich sicher zu fühlen. Wenn du lernst, deinem Urteilsvermögen zu vertrauen und Entscheidungen zu treffen, ohne sie endlos zu analysieren, kannst du eine solidere und widerstandsfähigere Denkweise aufbauen. Jede Entscheidung, auch wenn sie nicht perfekt ist, stellt eine Chance für Wachstum und Lernen dar.

Der Umgang mit Emotionen spielt bei diesem Wandel eine entscheidende Rolle. Übermäßiges Nachdenken ist oft ein Abwehrmechanismus, um den Umgang mit schwierigen Emotionen zu vermeiden. Anstatt jedes Detail einer Situation zu analysieren, um zu versuchen, sie zu kontrollieren, ist es nützlicher zu lernen, Ihre Emotionen zu erkennen und zu akzeptieren, ohne sie zu bewerten. Den Emotionen Raum zu lassen, ohne sie zu unterdrücken oder übermäßig zu rationalisieren, hilft, ein stabileres inneres Gleichgewicht zu entwickeln.

Auch die innere Sprache hat einen erheblichen Einfluss auf die Denkweise. Menschen, die unter übermäßigem Nachdenken leiden, neigen dazu, kritisch und streng mit sich selbst zu sprechen, was Zweifel und Unsicherheiten schürt. Das Ersetzen dieser Selbstgespräche durch freundlichere und ermutigende Affirmationen hilft, eine positivere und motivierender mentale Einstellung zu entwickeln. Wenn Sie mitfühlender mit sich selbst sind, können Sie Druck abbauen und Herausforderungen leichter angehen.

Ein weiteres grundlegendes Element beim Aufbau einer neuen Mentalität ist das Lernen, in der Gegenwart zu leben. Übermäßiges Nachdenken ist oft mit der Vergangenheit (Analyse und Bedauern) oder mit der Zukunft (Sorgen und hypothetische Szenarien) verbunden. Wenn du dich darauf konzentrierst, dich auf den aktuellen Moment zu konzentrieren, hilft das, dieses Muster zu durchbrechen und mehr Gelassenheit zu entwickeln. Aktivitäten wie Meditation, achtsames Atmen oder einfach nur achtsame Alltagsaktivitäten sind hilfreiche Werkzeuge, um diese Fähigkeit zu stärken.

Deine Denkweise zu ändern, bedeutet auch, ein Gefühl der Dankbarkeit für das zu entwickeln, was du hast. Zu viel nachzudenken führt oft dazu, dass man sich auf das konzentriert, was fehlt, was schief gehen könnte oder was nicht richtig gemacht wurde. Die Kultivierung von Dankbarkeit hilft, den Fokus auf das Positive und das bereits Erreichte zu verlagern, und reduziert die Tendenz, über das Negative nachzudenken.

Sich vom Überdenken zu befreien, bedeutet schließlich nicht, Reflexion oder kritisches Denken vollständig zu vermeiden, sondern zu lernen, Argumentation und Handeln in Einklang zu bringen. Der Verstand kann ein mächtiges Werkzeug sein, aber nur, wenn er auf die richtige Weise eingesetzt wird. Eine neue Denkweise zu entwickeln bedeutet, zu lernen, das Denken auf funktionale Weise zu nutzen, ohne es zu einem Hindernis für das eigene Glück und die eigene Gelassenheit werden zu lassen. Diese Veränderung geschieht nicht an einem Tag, aber mit Übung und Bewusstsein wird sie immer natürlicher. Mit der Zeit gewöhnt sich der Geist daran, ausgeglichener zu funktionieren, was Raum für ein leichteres, achtsameres und befriedigenderes Leben lässt. Geistige Freiheit kommt, wenn du aufhörst, gegen deine Gedanken anzukämpfen und lernst, sie weise und gelassen zu managen.

10.1 – Entwickeln Sie eine Gelassenheit und Klarheit

Sich vom Überdenken zu befreien, bedeutet nicht nur, die Anzahl der Gedanken zu reduzieren, sondern eine neue Denkweise zu entwickeln, die Gelassenheit und Klarheit begünstigt. Der Verstand kann ein mächtiger Verbündeter oder ein unüberwindbares Hindernis sein, je nachdem, wie er bewältigt wird. Die Herangehensweise an Gedanken, Emotionen und tägliche Situationen zu ändern, ist das wahre Geheimnis eines Lebens mit größerer Ausgeglichenheit und Bewusstheit.

Einer der ersten Schritte zum Aufbau einer gelasseneren Denkweise besteht darin, übermäßiges Nachdenken nicht mehr als eine Form des Schutzes oder der Kontrolle zu betrachten. Viele Menschen glauben, dass die Analyse jedes Details notwendig ist, um zukünftige Fehler oder Leiden zu vermeiden. In Wirklichkeit verhindert übermäßiges Nachdenken keine Probleme, sondern verstärkt sie im Kopf, was zu einem ständigen Angstzustand führt. Zu akzeptieren, dass nicht alles vorhergesagt oder kontrolliert werden kann, hilft dabei, eine größere geistige Flexibilität zu entwickeln, die es Ihnen ermöglicht, dem Leben leichter zu begegnen.

Ein weiterer wichtiger Aspekt ist das Erlernen der Unterscheidung zwischen produktivem und nutzlosem Denken. Es ist sinnvoll, über eine Situation nachzudenken, um Lösungen zu finden, aber das gleiche Problem immer wieder zu überdenken, ohne zu etwas Konkretem zu gelangen, ist nur eine mentale Belastung. Die Fähigkeit, innezuhalten und sich zu fragen, ob ein bestimmter Gedanke einen Wert bringt oder nur Energie verbraucht, ist eine wesentliche Fähigkeit, um einen klareren und fokussierte Ren Geist zu entwickeln.

Auch der Umgang mit Emotionen spielt in diesem Prozess eine Schlüsselrolle. Übermäßiges Nachdenken ist oft eine unbewusste Strategie, um den Umgang mit unangenehmen Emotionen zu vermeiden. Anstatt jedes Detail zu analysieren, um zu versuchen, die Situation zu kontrollieren, ist es effektiver, Emotionen zu akzeptieren und vollständig zu erleben, ohne sie zu unterdrücken oder zu verurteilen. Wenn du eine Emotion so akzeptierst, wie sie ist, ohne zu versuchen, sie zu verändern, nimmt ihre Wirkung ab und wird besser beherrschbar.

Ein weiteres wesentliches Element für den Aufbau einer ausgeglicheneren Denkweise ist die Veränderung Ihres inneren Dialogs. Diejenigen, die unter übermäßigem Nachdenken leiden, neigen dazu, kritisch und streng mit sich selbst zu sprechen, was Zweifel und Unsicherheiten verstärkt. Zu lernen, wie man diese Selbstkritik durch konstruktivere Aussagen ersetzt, hilft dabei, Selbstvertrauen aufzubauen und die Notwendigkeit zu reduzieren, jedes Detail zu analysieren. Ein freundlicherer und ermutigender er innerer Dialog ermöglicht es Ihnen, Situationen mit mehr Ruhe und Zuversicht zu begegnen.

Die Art und Weise, wie Sie Ihre Zeit einteilen, wirkt sich auch auf die Qualität Ihres Denkens aus. Ein Verstand, der ständig mit Verpflichtungen, Reizen und Informationen überlastet ist, neigt eher dazu, zu viel nachzudenken. Pausen während des Tages einzulegen, die Zeit in sozialen Medien zu reduzieren und sich an Aktivitäten zu beteiligen, die Achtsamkeit fördern, trägt dazu bei, mehr innere Klarheit zu entwickeln. Schließlich ermöglicht es Ihnen, eine breitere Perspektive auf das Leben einzunehmen, viele der Sorgen zu deeskalieren, die zum Überdenken führen. Oft erscheinen die Probleme, über die wir nachdenken, in dem Moment, in dem sie analysiert werden, enorm, aber sie verlieren an Bedeutung, wenn sie aus einer breiteren Perspektive betrachtet werden. Wenn Sie sich fragen, ob ein bestimmtes Anliegen in einem Jahr oder in fünf Jahren noch eine Rolle spielen wird, können Sie Situationen das richtige Gewicht verleihen und vermeiden, mentale Energie für unbedeutende Details zu verschwenden.

Die Entwicklung einer gelassenheitsorientierten Denkweise ist kein unmittelbarer Prozess, aber mit ständiger Übung wird sie immer natürlicher. Wenn du lernst, dir selbst zu vertrauen, Unsicherheiten zu akzeptieren und die Gegenwart bewusster zu leben, kannst du dich von übermäßigem Nachdenken befreien und ein ausgeglicheneres und befriedigenderes Leben aufbauen.

10.2 – Akzeptiere die Unvollkommenheit und lass das Bedürfnis nach Kontrolle los

Einer der Hauptgründe, warum Menschen zu viel nachdenken, ist das ständige Streben nach Perfektion und Kontrolle. Der Verstand versucht, jedes Detail zu analysieren, um Fehler zu vermeiden, jedes mögliche Szenario vorherzusagen und sicherzustellen, dass alles genau so verläuft, wie es gewünscht wird. Diese Denkweise ist jedoch nicht nur unrealistisch, sondern schürt auch Angst, Frustration und ein Gefühl ständiger Unzufriedenheit.

Zu akzeptieren, dass Unvollkommenheit ein Teil des Lebens ist, ist einer der wichtigsten Schritte, um sich von übermäßigem Denken zu befreien. Keine Entscheidung wird jemals perfekt sein, keine Situation kann vollständig unter Kontrolle gebracht werden und nicht alles wird immer nach Plan laufen. Anstatt dies als Problem zu sehen, ist es hilfreich zu lernen, es als einen natürlichen Teil der Existenz zu betrachten. Jede Veranstaltung bringt Wachstumschancen mit sich, auch wenn es mal nicht so läuft wie geplant.

Eine der größten Herausforderungen für diejenigen, die zu viel nachdenken, ist es, die Angst vor Fehlern loszulassen. Viele Menschen verbringen Stunden damit, über ihre Entscheidungen nachzudenken, weil sie befürchten, eine schlechte Entscheidung zu treffen. Dies führt zu einer mentalen Blockade, die dich am Handeln hindert und das Gefühl der Unsicherheit verstärkt. In Wirklichkeit bringt jede Entscheidung wertvolle Lektionen mit sich, und die meisten Fehler sind nicht unumkehrbar. Wenn Sie akzeptieren, dass es normal ist, Fehler zu machen, können Sie Entscheidungen mit größerer Leichtigkeit und Zuversicht begegnen.

Der Wunsch, zu kontrollieren, was andere denken, ist auch eine der Hauptursachen für übermäßiges Nachdenken. Viele Menschen analysieren jedes Gespräch, jedes gesprochene oder empfangene Wort und versuchen zu verstehen, wie sie von anderen wahrgenommen werden. Die Realität ist jedoch, dass niemand die Gedanken und Reaktionen anderer kontrollieren kann. Jeder sieht die Realität durch seine eigene Linse, beeinflusst von persönlichen Erfahrungen, Emotionen und Überzeugungen. Der Versuch, die Meinung anderer zu managen, ist eine nutzlose Übung, die nur Stress erzeugt.

Das Bedürfnis nach Kontrolle loszulassen bedeutet, zu lernen, in der Gegenwart zu leben, ohne zu versuchen, jedes Detail der Zukunft vorherzusagen. Das bedeutet nicht, dass wir aufhören zu planen oder Ziele zu haben, sondern dass wir mehr geistige Flexibilität entwickeln. Wenn du akzeptierst, dass nicht alles vorhersehbar ist und dass einige Aspekte des Lebens außerhalb deiner Kontrolle liegen, befreit sich dein Geist von unnötigem Gewicht und wird gelassener.

Um diese neue Denkweise zu trainieren, ist es hilfreich, sich in Loslösung von Ergebnissen zu üben. Diejenigen, die unter übermäßigem Nachdenken leiden, verknüpfen oft ihr Selbstwertgefühl mit den erzielten

Ergebnissen. Wenn ein Projekt gut läuft, fühlt er sich gültig und fähig; Wenn etwas schief geht, fühlt er sich unzulänglich. Anstatt Ihre Sicherheit auf externe Ergebnisse zu stützen, ist es sinnvoller, sich auf das Engagement und die ergriffenen Maßnahmen zu konzentrieren. Dies hilft, eine größere innere Stabilität zu entwickeln und die Notwendigkeit zu verringern, jede Situation obsessiv zu analysieren.

Unvollkommenheit zu akzeptieren und das Bedürfnis nach Kontrolle loszulassen, ist ein Prozess, der Zeit und Übung erfordert. Mit der Zeit lernt man jedoch, mit größerer Gelassenheit zu leben, ohne den ständigen Druck, alles bis ins kleinste Detail verwalten zu müssen. Wenn du aufhörst, nach Perfektion zu suchen, entdeckst du eine geistige Freiheit, die es dir erlaubt, dem Leben mit mehr Leichtigkeit und Authentizität zu begegnen.

10.3 – Aufbau eines Lebens auf der Grundlage von Bewusstsein und Handeln

Übermäßiges Nachdenken verbraucht nicht nur geistige Energie, sondern hindert dich auch daran, vollkommen in der Gegenwart zu leben und entschlossen zu handeln. Wer zu viel nachdenkt, neigt dazu, Entscheidungen aufzuschieben, vor Entscheidungen stecken zu bleiben und Chancen zu verpassen, aus Angst, Fehler zu machen. Um dieses Muster endgültig zu überwinden, ist es entscheidend, eine handlungsorientierte und achtsame Denkweise zu entwickeln.

Einer der häufigsten Fehler derjenigen, die unter übermäßigem Nachdenken leiden, ist der Glaube, dass man immer ein vollständiges Bild haben muss, bevor man eine Entscheidung trifft. Dies führt zu endlosen Analysen, die oft in Prokrastination münden. In der Realität erfordern viele Entscheidungen keine absolute Gewissheit, sondern einfach den Mut, einen Schritt nach vorne zu gehen. Zu handeln, ohne auf den perfekten Moment zu warten, hilft, den Kreislauf des Überdenkens zu durchbrechen und mehr Vertrauen in die eigenen Fähigkeiten zu entwickeln.

Mit Bewusstheit zu leben, bedeutet auch, zu lernen, in dem, was man tut, präsent zu sein. Oft sind diejenigen, die zu viel grübeln, so in ihre Gedanken versunken, dass sie nicht wirklich mit der Realität um sie herum verbunden sind. Wenn Sie lernen, sich auf die Erfahrungen des Augenblicks zu konzentrieren, anstatt sich in hypothetischen Szenarien oder in der Vergangenheit zu verlieren, können Sie mit mehr Intensität und Zufriedenheit leben.

Die Beziehung zurzeit ist auch ein Schlüsselfaktor, um übermäßiges Nachdenken zu reduzieren. Diejenigen, die zu viel nachdenken, neigen dazu, sich von zukünftigen Möglichkeiten oder vergangenem Bedauern überwältigt zu fühlen und zu vergessen, dass die wahre Macht in der Gegenwart liegt. Die Schaffung einer Achtsamkeitsroutine wie Meditation, Atemübungen oder einfache Pausen hilft, die Aufmerksamkeit wieder auf das zu lenken, was wirklich wichtig ist.

Ein weiterer wesentlicher Aspekt ist das Erlernen von Entscheidungen, um schneller und effektiver Entscheidungen zu treffen. Anstatt aus Angst, Fehler zu machen, jedes Detail zu analysieren, ist es hilfreich, Zeitlimits für den Entscheidungsprozess zu setzen. So kann beispielsweise bei weniger wichtigen Entscheidungen die Regel "Entscheidung innerhalb von 30 Sekunden" übernommen werden, während bei komplexeren Entscheidungen eine maximale Zeit für die Bewertung der Optionen definiert werden kann, ohne in die Lähmung der Analyse zu verfallen.

Um eine handlungsorientierte Denkweise zu festigen, ist es wichtig, mehr Vertrauen in die eigenen Fähigkeiten zu entwickeln. Jeder kleine Schritt in Richtung Veränderung stärkt das Selbstvertrauen und reduziert die Notwendigkeit, alles im Detail zu analysieren. Wenn du aktiv wirst, auch wenn du noch Zweifel hast, hilft dir das, eine neue Beziehung zum Denken aufzubauen, was es zu einem nützlichen Werkzeug statt zu einem Hindernis macht.

Persönliches Wachstum geschieht nicht durch einfaches Denken, sondern durch direkte Erfahrung. Diejenigen, die es gewohnt sind, zu oft zu denken, vermeiden es, sich selbst zu testen, und warten auf den perfekten Moment zum Handeln. Veränderung geschieht jedoch nur durch Handeln. Jedes Mal, wenn Sie sich entscheiden, von der Analyse zur Tat überzugehen, machen Sie einen Schritt näher an einem erfüllteren, authentischeren Leben.

Ein Leben zu schaffen, das auf Bewusstheit und Handeln basiert, bedeutet, zu lernen, Reflexion und konkrete Erfahrung in Einklang zu bringen. Denken ist nützlich, wenn es hilft, Lösungen zu finden, aber es wird schädlich, wenn es Bewegung und Wachstum blockiert. Die Entwicklung einer handlungsorientierteren Denkweise ermöglicht es Ihnen, Ängste abzubauen, Ihr Selbstvertrauen zu stärken und mit mehr Freiheit und Leichtigkeit zu leben.

Letzten Endes geht es bei der Beseitigung des Überdenkens nicht nur darum, unnötige Gedanken zu beseitigen, sondern auch darum, zu lernen, den Verstand so funktional wie möglich zu nutzen. Weniger zu denken, bedeutet nicht, weniger intelligent zu sein, aber es bedeutet, Raum für Kreativität, Spontaneität und die wahre Erfahrung des Lebens zu lassen. Wenn der Geist aufhört, ein Hindernis zu sein, und zu einem unterstützenden Werkzeug wird, wird er jeden Tag klarer, leichter und bedeutungsvoller.

Schlussfolgerung

Der Weg zu einem freien und gelassenen Geist

Die Reise, sich vom übermäßigen Nachdenken zu befreien, ist nicht nur ein Weg der mentalen Veränderung, sondern auch eine Gelegenheit, eine gelassenere, authentischere und befriedigendere Lebensweise wiederzuentdecken. Während der Lektüre dieses Buches haben wir die Ursachen des übermäßigen Nachdenkens, seine Auswirkungen auf Geist und Körper und vor allem Strategien untersucht, um es in ein nützliches Werkzeug, statt in ein Hindernis zu verwandeln. Jetzt ist es an der Zeit, dieses Wissen in die Praxis umzusetzen und eine konkrete Veränderung im eigenen Leben herbeizuführen.

Übermäßiges Nachdenken entsteht oft aus dem Wunsch nach Kontrolle, der Angst vor Ungewissheit und dem Bedürfnis nach Perfektion. Das Leben lässt sich jedoch nicht im Detail vorhersagen, und der Versuch, jeden Aspekt der Realität zu analysieren, garantiert keine Sicherheit, sondern nur Angst und Stress. Zu lernen, Ungewissheit zu akzeptieren, sich selbst zu vertrauen und das Bedürfnis nach Kontrolle loszulassen, ist der Schlüssel zu mehr Leichtigkeit und Ruhe.

Ein weiterer grundlegender Aspekt ist das Bewusstsein für die Gegenwart. Übermäßiges Nachdenken führt oft dazu, dass wir über die Vergangenheit nachdenken oder uns Sorgen um die Zukunft machen, was uns vom gegenwärtigen Moment ablenkt. Aber das Leben findet jetzt statt. Wann auch immer, dass sich der Kopf in Gedanken verliert, verlieren wir die Möglichkeit, wirklich zu leben, die Erfahrungen, die Menschen und die kleinen Momente zu schätzen, die jeden Tag einzigartig machen. Das Training, die Aufmerksamkeit durch Achtsamkeit, achtsames Atmen und bewusstes Handeln wieder in die Gegenwart zu lenken, ist eines der mächtigsten Werkzeuge, um übermäßiges Nachdenken zu reduzieren und das geistige Wohlbefinden zu verbessern.

Wir haben auch gesehen, dass Veränderung nicht in einem Augenblick geschieht, sondern das Ergebnis kleiner, konstanter Schritte ist. Übermäßiges Nachdenken durch gesündere Gewohnheiten zu ersetzen, zu lernen, mit Emotionen ausgewogener umzugehen und eine handlungsorientierte Denkweise zu entwickeln, sind Prozesse, die Zeit und Geduld erfordern. Es geht nicht darum, Gedanken komplett zu eliminieren, sondern zu lernen, mit ihnen weise umzugehen und bewusst auszuwählen, welche unsere Aufmerksamkeit verdienen und welche wir loslassen können.

Selbstvertrauen spielt auf diesem Weg eine entscheidende Rolle. Wer zu oft nachdenkt, zweifelt an seinen Fähigkeiten und sucht Bestätigung von außen, um sich sicher zu fühlen. Wahre Sicherheit entsteht jedoch durch Erfahrung und Handeln. Jedes Mal, wenn du eine Entscheidung triffst, ohne sie endlos zu analysieren, dich einer Situation stellst, ohne Angst vor Verurteilung zu haben, oder einen Fehler als Teil des Wachstumsprozesses akzeptierst, baust du Vertrauen in deine Fähigkeiten auf.

Letzten Endes geht es bei der Überwindung des Überdenkens nicht darum, mit dem Denken aufzuhören, sondern darum, zu lernen, den Verstand auf eine funktionalere Weise zu nutzen. Es bedeutet, sich von der Last nutzloser Gedanken zu befreien, um Platz für diejenigen zu schaffen, die Wert, Kreativität und Wachstum bringen. Es bedeutet, nicht mehr in Angst zu leben, sondern mit mehr Leichtigkeit, Präsenz und Authentizität zu leben.

Dieses Buch ist nicht das Ende der Reise, sondern der Beginn eines neuen Bewusstseins. Jeder Tag ist eine Gelegenheit, diese Strategien in die Praxis umzusetzen und ein freieres und erfüllteres Leben aufzubauen. Der Verstand kann unser schlimmster Feind oder unser größter Verbündeter sein: Die Wahl liegt in unseren Händen.

www.ingramcontent.com/pod-product-compliance
Lightning Source LLC
Chambersburg PA
CBHW052034270326
41931CB00012B/2479